# 산악전문가

대자연을 누비는 산악인 되기

# 산악전문가

ⓒ김성기·박미숙 2017

초판 1쇄 발행일 2017년 8월 18일

지 은 이  김성기·박미숙
펴 낸 이  이정원

책임편집  이동하
디 자 인  김정호
마 케 팅  나다연·이광호
경영지원  김은주·박소희
제   작  송세언
관   리  구법모·엄철용

펴 낸 곳  도서출판 들녘
등록일자  1987년 12월 12일
등록번호  10-156
주   소  경기도 파주시 회동길 198번지
전   화  편집부 031-955-7385 마케팅 031-955-7378
팩시밀리  031-955-7393
홈페이지  www.ddd21.co.kr
페이스북  www.facebook.com/bluefield198
I S B N  979-11-5925-273-0(14370)

미래
탐색
013

김성기·박미숙 지음

# 산악전문가

## 대자연을 누비는 산악인 되기

푸른들녘

산과 함께 30여 년을 설레며 살고 있으니 나는 분명 행복한 사람입니다. 산은 긴 세월 동안 변함없이 나를 반겨줍니다. 긴장하게 하고 혹독한 시련을 주기도 하지만, 그보다 더 큰 몫으로 나를 설레게 하지요. 들떠서 두근거리는 마음은 주중의 일상을 활기차게 해줍니다. 생기와 활력을 줍니다. 산은 이처럼 나의 일상에 행복을 주는 존재가 분명합니다.

산에서 만나는 다양한 난관을 극복하고 알아가는 과정은 우리의 삶과 같습니다. 그 과정에서 나의 존재감과 행복을 느끼지요. 산은 오르는 길이 험할수록 가슴을 두근거리게 해주는 수직의 공간입니다. 그곳에서 비로소 우리는 자신의 나약함과 겸손을 배웁니다. 산은 이런 의미에서 나의 스승입니다. 육체의 한계를 넘나들며 영혼을 담금질하여 강인함을 갖추게 해주니까요.

진정한 나의 삶은 번화하고 세련된 도시에 길들여진 일상을 떠날 때 비로소 시작됩니다. 새로운 변화는 낯선 땅에서 불편하고 힘든 과정을 극복하는 과정에서 이루어지며, 그 변화의 과정이야말로 내 삶의 자양분이 되지요. 또한 아무도 길을 알려주지 않는 능선의 물결에 뛰어들어 두려움 끝에서 마주할 환희를 향해 나아가는 것은 반복되는 일상에서도 희망을 놓지 않는 모습과 비슷합니다.

산은 오롯이 자신만의 의지와 체력으로 노력해서 올라간 사람에게 벅찬 보상을 제공합니다. 그러나 정상에 오른 사람만 성공한 것은 아닙니다. 최선을 다해 오른 모두에게 성공의 감동을 안겨주거든요. 저마다 올라온 만큼의 장소에서 저 아래 세상을 내려다볼 수 있는 혜택을 제공합니다. 아예 오르지도 않은 사람들은 대자연의 장엄함을 느낄 수 없어요. 노력한 만큼 보상을 받을 수 있다는 점이야말로 산이 주는 공평함이 아닐까요?

이 모든 것이 내가 산을 사랑하는 이유입니다. 하지만, 소중한 사랑을 지키기 위해 노력하지 않는다면 결과는 아픈 상처뿐일 테지요. 끝없는 사랑은 없습니다. 끝없이 사랑하고 있다면 그것은 사랑을 지키기 위해 부단히 노력한 결과일 것입니다. 따라서 대자연과 산을 사랑하고 싶다면 그곳에 어떤 세계가 펼쳐질 것인지 진심을 다해 알아가려고 노력해야 합니다. 그렇지 않으면 냉혹한 결과와 먼저 마주칠지도 모릅니다.

『산악전문가』는 대자연의 품에 안겨 아름다운 꿈을 꾸게 해주는 등산의 세계로 여러분을 안내할 것입니다. 여러분! 등산의 세계에 입문해보시기 바랍니다. 그동안 여러분이 생활해왔던 학교와 교실, 혹은 늘 비슷한 모습으로 되풀이되던 일상이 아닌 대자연의 세계가 가슴을 활짝 열고 여러분을 기다리고 있으니까요. 아울러 산에서 얻은 다양하고 소중한 경험을 청년 여러분에게 돌려주자고 제안해주신 푸른들녘에 깊이 감사드립니다.

북한산을 바라보며, 김성기

누군가 제게 이런 질문을 했어요. 지금까지 살면서 가장 잘한 일이 뭐냐고……. 여러분은 무엇인가요? 살면서 가장 잘한 일이라면, 가장 행복한 일이기도 하지요. 제 삶에서 가장 행복했던 순간은 산을 오를 때였습니다. 눈이 내리는 날, 비닐포대 하나 들고 친구들과 신나게 썰매를 타던 그 산, 지리산 자락 어느 골짜기에서 여러 날을 머물던 추억, 멀리 캐나다 부가부산군의 800미터 벽을 등반하던 중 죽을 고비를 맞았던 그 아찔한 순간도 이제는 그저 행복한 기억으로 남아 있습니다. 산을 오른 일이 가장 잘한 일이지요.

등산강사는 등산기술을 가르칩니다. 하지만 저는 다른 사람이 즐겁게 산을 오르도록 돕는 일이라고 생각합니다. 산악전문가는 산을 오르는 일이 직업입니다. 하지만 누가 시켜서 하는 게 아니지요. 자신이 좋아하고 잘하는 일을 꾸준히 하는 것입니다.

종종 이런 질문을 듣기도 합니다. "수입은 얼마나 되나요?" 저는 이 글을 쓰면서 산악전문가가 과연 직업이 될 수 있을지 많이 고민했습니다. 현실적으로 직업이란 수입이 지속적으로 있어야 하니까요. 그러나 산악전문가는 직업이 될 수 있습니다. 부업으로 산악전문가 활동을 할 수도 있고요! 등산강사가 그렇습니다. 주중에는 본업에 종사하다가 주말이 되면 강사활동을 할 수 있어요. 등산용품 브랜드 종사자 중에도 전문 산악인들이 많습니다. 그들 역시 산악활동을 꾸준히 하고, 해외로 원정등반을 나갈 때면 기업 차원에서 후원도 합니다. 산악전문가는 자신이 좋아하는 일을 하면서 경제적 능력도 갖출 수 있는 직업입니다.

저는 여러분에게 산악전문가가 되라고 말하는 것은 아닙니다. 청소년 여러분은 자신이 무엇을 좋아하는지, 어떤 일을 할 때 가장 행복한지 스스로 진지하게 묻고 답을 찾아야 하잖아요. 이 책이 그 과정에서 한 줄기 빛이 되었으면 좋겠습니다. 그런 바람으로 이 책을 썼지요.

미래를 살아가기 위해는 자신이 어떤 일을 좋아하는지 찾아야 합니다. 단 한 번만이라도 여러분의 가슴을 뛰게 하는 일이라면 그 일에 집중할 필요가 있습니다. 카카오 김범수 대표는 열심히 공부해서 좋은 대학을 나오면 출세한다는 성공 방정식은 더 이상 유효하지 않다고 말합니다. 여러분은 특정 직업만 우대받는 시대가 아닌, 스스로의 열정으로 몰입할 수 있는 '업(業)의 시대'를 살아갈 것입니다. 그런 시대일수록 창의적 교육이 더 요구되지요. 아날로그 교육만으로는 부족한 것이 많습니다. 그래서 여러분은 밖으로 나가보아야 합니다. 자연으로 들어가야 합니다. 자연에서 역경을 만나면 어쩌나 두려워하지 마세요. 남들이 불가능하다는 일에 도전하여 성취감을 느껴보세요. 세상을 많이, 그리고 다양하게 경험할수록 자존감과 창의력도 함께 성장하니까요. 이 책이 여러분의 용기에 불을 지폈으면 좋겠습니다.

2017년 여름, 박미숙

# 차 례

# PART I

# 산의 발견

# 등산,
# 그것이 궁금하다

# #1장
# 내려올 걸 힘들게
# 왜 올라가?

"사람들은 고산에 오르거나 험난한 바위벽을 오르는 것을
위험하다고 생각합니다. 하지만 진정 위험한 것은 목표를 높게 잡고
거기에 이르지 못하는 것이 아니라
목표를 너무 낮게 잡고 거기에 도달하는 것입니다."
-미켈란젤로

### 산이 주는 자유

산을 오르는 행위를 단순하게 보는 사람들은 무거운 배낭을 메고 힘겹게 산을 오르는 모습을 보고 "사서 고생한다"라고 말합니다. 산에 몇 번쯤 가본 사람들도 비슷하게 생각해요. 그래서 고생과 난관과 위험을 무릅쓰기까지 하는 산악인들에게 종종 묻습니다. "당신은 왜 산에 갑니까?" 이렇게 묻는 사람들은 아직 산의 자유를 발견하지 못한 사람들입니다.

산의 자유를 발견한다는 것은 어떤 의미일까요?

숲으로 들어가면 소나무, 참나무, 밤나무, 단풍나무가 어우러진 소박한 길이 우리를 맞이합니다. 새들이 지저귀는 소리가 청명하게 울리고 수정처럼 맑은 샘물 옆으로 들꽃이 신비롭게 피어 있습니다. 높은 곳에 오르면 수많은 봉우리들이 이어진 장대한 산맥 위로 구름이 닿을 듯 지나갑니다. 그 아래로 늘어진 깊은 골짜기는 음산한 그림자를 드리우며 보는 사람에게 움찔 두려움을 자아냅니다. 이런 대자연에 맞서 산의

2016년 한국청소년오지탐사대원(사진제공: 코오롱등산학교)

자유를 찾아 도전하는 청소년들이 있습니다.

'한국청소년오지탐사대'는 (사)대한산악연맹 주관으로 매년 50여 명의 청소년들을 선발하여 오지탐사의 기회를 주는 프로그램입니다. 대원으로 선발되기까지 치열한 경쟁을 거쳐야 하고, 최종으로 아웃도어 리더십테스트를 통과한 대원들은 대자연에서 생존할 수 있는 기술들을 배웁니다. 훈련을 마친 대원들은 등산전문가인 대장의 인솔 아래 5대륙의 오지에서 약 15일간 탐사활동을 합니다. 대원들은 스스로 캠프를 구축하고 취사를 하며 안자일렛*으로 크레바스** 지역을 통과하고 고산을 오릅니다. 대자연의 품에서 자신의 한계를 경험하고 이를 극복해가는 과정은 필사의 생존 투쟁입니다. 시시각각 변하는 고산지대의 날씨에 속수무책인 경우가 많거든요. 때로는 후퇴가 필요한 경우도 있고, 악천후 속에서 비박을 결정하기도 합니다. 자연의 혹독함 속에서는 상황을 통찰하는 능력이 매우 중요합니다. 내려갈 것인지, 머물 것인지, 앞으로 나아갈 것인지를 결정하는 것은 생존과 직결되는 문제이기 때문이지요. 오지탐사를 성공적으로 마치고 돌아온 청소년들은 산에서의 자유를 누리는 첫 발을 내딛은 셈입니다.

2008년 알래스카 탐사대원으로 참여했던 양희종은 아웃도어 브랜드 마케팅 팀에 입사했습니다. 어느 날 영화 〈인투 더 와일드〉를 보고 태평양을 따라 이어진 산맥줄기를 따라 나 있는 총 길이 4,300킬로미터의 '퍼시픽 크레스트 트레일(Pacific Crest Trail)' 종주를 결심했다고 합니다.

---

* 안자일렛: 위험지대를 등반할 때 등반자 중 한 명이 추락하면 다른 대원들이 모두 확보 동작을 취하는 팀 등반시스템

** 크레바스: 빙하가 갈라져서 생긴 좁고 깊은 틈

양희종은 4년간 다닌 회사에 사표를 내고 동행을 구해 PCT종주에 도전했는데요. 그와 함께한 김희남 역시 2010년 티베트 오탐 대원이었습니다. 175일간 걸었던 생생한 기록을 모아 양희종은 『4,300km, 175일간 미국 PCT를 걷다』란 제목으로 책을 출간했습니다. 산의 자유를 얻은 이들의 멋진 도전이지 않습니까!

과학기술이 발달하고 인간이 하는 일을 기계에게 넘겨주고 여가 활동이 많아졌다고 해서 행복지수가 올라가는 건 아닙니다. 과거에는 신경 쓰지 않아도 되었던 스트레스가 넘쳐나 자연으로 돌아가야 할 때도 있습니다. 산의 웅장함을 마주하고 난관과 위험에 맞서 위로 올라가는 동안 우리 몸은 내면에 쌓아두었던 가장 훌륭한 힘을 끌어내어 근육을 움직이고 정신을 집중하게 합니다. 그래서 산 위에 오르면 온전한 행복을 만끽할 수 있는 겁니다.

등산은 자연에서 이루어지는 스포츠입니다. 다른 스포츠에서는 경험할 수 없는 특별한 점이 있어요. 자신이 생각하는 것 이상의 가능성과 능력을 발견할 수 있기 때문입니다. 여러분의 가능성과 능력도 상상 이상이랍니다. 다만 내면에 숨어 있는 능력을 발현시킬 기회가 없었던 것뿐이죠. 대자연에서의 경험은 여러분의 잠재된 능력을 찾아주고 여러분이 삶을 주체적으로 살아갈 수 있는 힘을 제공합니다. 자연의 소리에 가만히 귀를 기울여보세요. 우리가 무엇을 해야 할지 알게 될 것입니다.

"우리가 살아가고 있는 세상 모든 것에는 인간의 손길이 닿아 있다. 그래서 더 이상 자연을 기억하지 못하게 된다. 그러나 산 위에서는 우리가 자연과 하나가 될 수 있다. 도시에서는 신호등이 언제 가고 언제 멈추어야 할지를 알려준다. 그러나 산에서는 아무도 자신의 결정을 대신 내려주지 않는다. 따라서 스스로의 감각을 이용해야만 한다."　　　　　　　　　　-다베이 준코[*]

## 내가 내 삶의 주인이 된다는 것은

흔히들 등산을 인생에 비유합니다. 우리가 살아가는 삶도 산을 오르는 것처럼 오르막도 있고 내리막도 있어서 그렇게 비유하나 봅니다. 우리가 삶을 대하는 태도와 등반가들이 산을 대하는 태도는 크게 다르지 않습니다. 낮은 산이라고 얕보고 쉽게 올라갈 것 같다고 생각하지만 실

---

[*]　　다베이 준코(Junko Tabai, 1939~2016): 1975년 여성 최초로 세계 최고봉 에베레스트를 등정한 일본의 산악인이다.

은 쉬운 산이란 없습니다. 우리 삶도 그래요. 또한 처음부터 평탄한 삶만을 기대하면 그만큼 더 고달프고 힘들어지고요.

"가장 높은 곳에 올라가려면 반드시 가장 낮은 곳에서부터 시작해야 한다"라는 말이 있습니다. 산도 마찬가지입니다. 고산에 오르려면 낮은 곳에서부터 서서히 고도를 올려가면서 우리 몸을 고소환경에 적응시켜야 합니다. 그래야 높은 산에 오를 수 있습니다. 삶이란 경험과 지식이 쌓여가는 과정입니다. 다양하고 많은 경험들은 우리에게 '앎'이라는 깨달음을 주고 '앎'은 자신을 성찰하는 힘이 됩니다. 등산도 그렇습니다. 산을 많이 알아야 성찰하는 힘이 생깁니다. 산에서의 사고는 대부분 자연에 대해 모르고, 자신의 능력을 파악하지 못해 생기거든요.

인생의 목표란 무엇일까요?

여러 답변이 있겠지만 필자는 궁극적인 인생의 목표는 행복해지는 것이라고 생각합니다. 행복해지기 위해서는 '앎'이 필요합니다. 우리 자신을 제대로 돌보기 위해서는 우리 자신이 누구인지 알 필요가 있습니다. 생각해봅시다. 여러분은 언제, 어떨 때 행복했나요? 아마도 자신이 정말 하고 싶었던 일, 좋아하는 일을 할 때가 아니었을까요? 자신을 성찰하는 삶의 태도를 가진다면 얼마든지 행복해질 수 있습니다. 정말 행복해지고 싶다면 다양한 경험을 해보면서 내가 좋아하는 것, 잘하는 것을 찾아내려고 노력해야 합니다. 그것이 내 삶의 자유를 누리는 길이자 진정으로 행복해지는 길입니다.

> "스스로의 힘으로 자신의 진정한 자아를 탐구하라. 다른 누군가가 당신의 길을 대신 만들도록 허락하지 마라. 이 길은 당신의 길이자 당신 혼자서 가야 하는 길이다. 다른 이와 함께 걸을 수는 있으나, 어느 누구도 당신을 대신하여 걸어줄 수는 없다."　　　　　　　－ 아메리칸 인디언의 윤리 규범 중

## 대자연의 시민권

산에 다니는 사람은 대체로 산을 잘 알고 있습니다. 그러나 등산은 높고 넓은 세계입니다. 요즘에야 건강이 화두가 되어 정상을 지향하는 등산보다 둘레길을 걸어다니는 하이킹을 선호하는 경향이 있지만 근본적으로 등산은 고소지향성이지요. 그래서 등산에 익숙한 사람은 더 높은 산을 찾아다니게 됩니다. 하루 산행을 즐기다가 산속에서 1박을 하

는 장거리 산행을 하기도 하고, 지리산 종주 등 3박 4일 종주산행을 하게 되지요. 국내에서 더는 오를 곳이 없어지면 높은 산을 찾아 해외로 나가기도 합니다. 국내 산이라고 해야 최고 높이가 2,000미터가 채 안 되니 대자연의 경관을 보기는 힘듭니다. 해외에 있는 큰 산으로 발길을 옮겼을 때 비로소 대자연을 경험하게 되지요.

등산은 대자연과의 직접 교류입니다. 대자연의 품 안에서 우리는 산에 대해 배우며, 자신에 대해 더 잘 알게 되고, 자립하는 법을 배웁니다. 대자연에서의 등산엔 분명 위험과 곤경이 동반됩니다. 그래서 산에 오르기 전에 선행할 일이 있습니다. 어떤 루트를 선택할지, 어떤 장비를 가져가야 할지, 어떡하면 안전하게 오를 수 있을지, 어떤 기술이 가장 효과적일지 스스로 결정하고 판단하는 일들입니다. 등산하면서 부딪치는 어려움은 경험으로 해결할 수 있지만, 기술이 담보된다면 더욱 안전하게 이를 타개해나갈 수 있으니까요.

이 모든 것을 갖추고 안전하면서 짜릿하게 모험을 즐길 수 있는 준비를 마친 사람들에게 비로소 '대자연의 시민권'이 주어집니다. 이것은 돈으로 취득할 수 있는 권리가 아니에요. 대자연을 향한 우리의 시야를 넓혀가는 과정에서, 자연의 혹독한 어려움을 헤쳐나가는 과정에서, 안전하게 여행할 수 있는 판단력을 키워가는 과정에서 비로소 얻게 되는 권리입니다.


**흔적 남기지 않기(LNT; Leave No Trace)**

'흔적 남기지 않기' 운동은 자연에 최소한의 영향만 미치게 하는 야외활동 기술 지침입니다. 1991년 미국 산림청과 아웃도어 리더십학교(N.O.L.S)에서 운동이 시작되었으며 전 세계로 확산되었지요. 등산가는 다음 7가지 지침을 잘 실천하여 환경 훼손을 최소화해야 합니다. '흔적 남기지 않기' 지침의 7가지 주요 내용은 다음과 같습니다.

첫째, 떠나기 전에 잘 계획하고 준비하라.

둘째, 내구성이 강한 단단한 땅 표면으로 다닌다.

셋째, 쓰레기를 확실하게 처리한다.

넷째, 본 것을 그대로 둔다.

다섯째, 취사나 불 피우기는 허용된 장소에서만 한다.

여섯째, 야생 동물을 존중하라.

일곱째, 다른 등산객을 배려하라.


필자가 미국 옐로스톤 국립공원에 트레킹을 갔을 때 일입니다. 앞서 가던 우리 일행이 마주 오는 외국인에게 길을 양보하려고 길옆으로 비켜주었습니다. 그러자 그 외국인이 무척 화를 내는 거예요. 기껏 호의를 베풀었는데 고맙다고 하기는커녕 화를 내니 영문도 모르고 당황할 수밖에요. 이유를 알고 보니, 우리가 출입금지구역에 들어갔다는 겁니다. 길을 양보한 것은 중요치 않고 어찌되었든 출입금지구역은 사람이 발을 들여놔서는 안 되는 거라고, 길은 자기가 비껴갈 수 있다고 하면서 말입니다. 펜스가 따로 쳐 있었던 것도 아니고 따로 절대 들어가지 말라고 금지 표식이 있었던 것도 아닌데 한 발자국 길에서 비켜서느라 그런 건데도 심각하게 받아들였습니다.

캐나다 록키 산맥에서 트레킹을 할 때에도 부끄러운 일이 있었습니다. 지그재그로 길이 나 있는 곳에서 직선으로 바로 올라가는 샛길이 보였어요. 처음엔 이쪽으로 올라가도 되나 하고 생각했는데 자세히 보니 정상 트레일을 따라 올라가라고 써 있더군요. 그런데 그 아래 한국말로 '출입금지'가 있는 것을 확인하고는 왜 이런 샛길이 만들어졌는지 바로 알아챘습니다. 성격 급한 한국 사람들이 가로질러서 길을 낸 것이지요.

세계로 미래로 뻗어나갈 여러분은 '흔적 남기지 않기'의 7가지 수칙을 자연을 대하는 윤리로 인식하여 글로벌 등산 리더가 되었으면 좋겠습니다. 대자연의 시민권을 얻기 위해서는 미래 세대를 위해 자연 환경을 보존할 책임을 지고 있음을 가슴에 신념으로 새겨야 합니다.

**우리는 왜 산에 오르는 것일까?**

사람마다 산에 오르는 이유는 각양각색입니다. 누군가는 등산이 건강에 좋다고 해서 오르고, 누구는 일상탈출의 자유와 성취감을 만끽하기 위해 오르지요. 경치가 좋아서 구경 삼아 다니는 사람도 있고, 등산으로 사교활동을 벌이는 이도 있습니다. 하지만 "왜 산에 오르냐?"라고 산악인에게 물으면 그들의 대답은 사뭇 다릅니다.

많은 산악인들은 죽음이라는 위험을 무릅쓰고 산에 오릅니다. 그래서 산을 왜 오르는지 질문을 받곤 하는데 그들은 정작 "잘 모르겠다"라고 대답합니다. 필자도 해외 원정을 떠날 때마다 가족들이 "위험한 짓을 왜 사서 하냐"며 반대하곤 합니다. 가족의 염려를 뒤로 하고 비행기에 오르면서 저 스스로 '나는 왜 산에 가는가?' 수없이 자문해보지만 딱히 그 이유를 한마디로 내놓기 어려웠습니다.

사람들은 산에 가는 이유를 정상에 올라갔을 때 느끼는 성취감 때문이라고 생각합니다. 하지만 산악인들은 막상 힘겹게 올라간 정상에서도 제대로 성취감을 느끼지 못합니다. 저도 마찬가지였습니다. 며칠을 벽에 매달린 채 잠을 자고 힘겹게 기어올라 정상에 올라섰을 때도, 고소환경에 적응하며 한 달도 넘게 걷고 또 걷고, 크레바스와 눈사태의 위험을 무릅쓰고 고산에 우뚝 섰을 때에도 정상에서 성취감을 느낀 기억은 없습니다. 다만 빨리 내려가고 싶다는 마음만이 간절하고, 안전하게 내려가야 한다는 긴장감으로 몸이 움츠러들었지요. 그런데도 산악인들은 왜 그렇게 위험한 산에 도전하는 걸까요?

**지구상의 가장 높은 곳에 대한 영국의 도전**

1856년 대인도 삼각측량 조사에서 8,848미터로 계측된 고봉이 바로 지구상의 가장 높은 곳, 세계 최고봉 에베레스트입니다. 사람들은 지구상의 최고봉에 인간이 오를 수 있는지 검토하기 시작했습니다. 1904년 에베레스트 탐사에 나섰던 영국의 대위 세실 롤링은 위대한 산, 에베레스트를 마주했을 때 이렇게 감회를 기록했습니다.

> "수천 미터 높이로 솟아오른 에베레스트의 눈 덮인 정상이 환하게 빛나고 있었다. 난쟁이들 사이에 서 있는 거인이었다. 그 높이가 대단했을 뿐만 아니라 그 모습 또한 완벽했다. 근처의 어떤 봉우리도 에베레스트가 가진 최고의 지위를 감히 따라오지 못했다."

1921년 영국의 알파인클럽과 왕립지리학회는 에베레스트 초등정을 위한 정찰대를 파견합니다. 에베레스트는 네팔과 티베트 경계선의 북동쪽에 위치하고 있습니다. 오늘날 에베레스트에 가려면 네팔의 수도인 카투만두에서 경비행기로 루클라(2,840미터)까지 가서 며칠을 걸어 남쪽 베이스캠프까지 갑니다. 하지만 1921년에는 네팔왕국의 쇄국정책으로 이방인의 출입을 허용하지 않았기 때문에 5주일간 배를 타고 인도의 캘커타로 향했지요. 캘커타에서 기차를 타고 다르질링으로 간 다음 6주일간 트레킹을 해야만 하는 고된 일정이었습니다. 1차 정찰 원정은 성공이었습니다. 맬러리, 벌락, 휠러 같은 등산가들이 7,010미터까지 올라갔거든요. 강풍과 동상으로 인해 더는 올라갈 수 없었지만 맬러리는 최고의 모험을 하고자 하는 사람들을 위해 정상으로 가는 길을 찾아낸 것으로 만족했습니다.

## Because it is there

1922년 2차 원정에서 맬러리는 노턴, 소머벨과 함께 8,225미터의 고도에 올라 인간으로서 산소 없이 8,000미터 고도를 돌파한 최초의 기록을 세웠습니다. 하지만 이 원정에서 눈사태로 인해 일곱 명의 셰르파[*]가 눈에 휩쓸려 절벽 아래로 떨어져 사망하는 끔찍한 사고가 발생했습니다. 두 번의 도전 후 지구에서 천상과 가장 가까운 곳에 대한 대중의 관심은 더욱 커졌어요. 그 후 에베레스트 등정은 영국의 야심이 되었습니다.

2차 원정에서 돌아온 맬러리는 세간의 관심을 받으며 학교, 지리학회, 등산 동호회 등에서 강연했습니다. 1923년 3차 원정의 기금을 마련하기

---

[*] 셰르파(sherpa): 히말라야 고산등반에서 안내인 역할을 하는 사람이다. 짐을 나르는 포터와는 달리 등반에 참여하여 고정로프를 설치하는 등의 역할을 한다.

위해 미국으로 떠나 순회강연을 하던 중이었습니다. 필라델피아에서 강연하고 있을 때 한 기자가 맬러리에게 물었어요.

"왜 에베레스트에 가려고 합니까(Why did you want to climb Mount Everest)?"
"거기에 에베레스트가 있으니까(Because it's there)."

이 짧은 선문답은 이후 등반사상 가장 유명한 말이 되었습니다. 산이 있어서 산에 간다는데 이보다 더 딱 떨어지는 설명이 있겠습니까? 이것이야말로 산에 대한 근본적인 열망의 표현입니다. 구구하게 설명하지 않아도 되는 이 한마디가 불후의 명언이 된 이유입니다.

하지만 맬러리가 남긴 이 말은 당시에는 주목받지 못했습니다. 이 말이 세상 사람들에게 회자된 것은 바로 지구상의 가장 높은 곳, 에베레스트에서 신화가 된 이후입니다. 맬러리*는 1924년 3차 원정에서 돌아오지 못했습니다. 맬러리와 어빈이 정상 부근의 능선을 오르는 모습이 포착되었으나 두 사람의 모습이 구름에 가려진 후 보이지 않았습니다. 실종된 거예요.

맬러리가 사망하고 'Because it's there'에 대한 해석에 여러 이견이 있었습니다. 맬러리의 친구들은 평소 참을성이 부족하고 건방지기까지 한 그가 강연 도중 에베레스트에 왜 가는지에 대해 수도 없이 설명했는데 새삼스레 다시 질문하는 기자에게 말을 뚝 잘라버리려고 그렇게 말했을 것이라고 주장했습니다. 그러나 학교 교사이자 문학도였던 맬러리는

---

* 조지 허버트 맬러리(George Herbert Mallory, 1886~1924): 1924년 실종되었던 그의 시신은 75년 후인 1999년 5월 1일 에베레스트 8,230미터 지점에서 발견되었다.

세계 최고봉의 존재 자체가 거부할 수 없는 도전이라고 했지요. 1922년
첫 번째 원정에 오른 조지 맬러리는 이렇게 말했습니다.

"산에 도전하고자 하는 사람들에게 삶에 대한 열정은 정상을 향한 끊임없
는 의지이다. 이것을 이해하지 못한다면, 우리가 왜 에베레스트에 오르는가
를 이해할 수 없을 것이다. 우리가 이러한 모험으로부터 얻는 것은 순수한
기쁨이고, 결국 기쁨이란 삶의 목적이기 때문이다."

산악인으로서 세계 최고봉을 오르는 자아실현의 기회를 잡는 것인데
가지 않을 이유가 없는 거죠. 필라델피아에서 그 질문을 받던 날 조지
맬러리의 노트에는 다음과 같은 결의가 쓰여 있었습니다.

"우리가 에베레스트에 가는 이유는 한마디로 거절할 수 없어서입니다. 좀
더 다르게 표현하면 우리는 등산가이기 때문입니다."

산이 거기 있으니까 산으로 간다. 이것은 산에 대한 근본적인 열망의
다른 표현입니다.

### 등산은 아름다움의 탐구

아름다움을 탐구하는 일은 선택이 아니라 필수입니다. 인간은 음악, 문
학, 미술 등을 통해서 아름다움을 배우고 즐깁니다. 종교를 마음에 품
고 기대는 것도 정서적 안정감을 누리기 위해서인지도 모릅니다.

산은 아름답습니다. 웅장하고 거친 산도 그 선을 따라 아래로 내려오면 소박한 순수함을 자유롭게 발산하고 있습니다. 산은 우리에게 마음의 평온함과 강인한 건강을 줍니다. 인간은 누구나 내재된 활력을 되찾아 삶의 굴레로부터 자아를 해방하고, 자연에서 위안을 얻고, 정신적으로나 정서적으로 성장하고 싶어 합니다. 우리가 웅대한 산으로 들어가는 이유지요.

## 대자연 속에서의 모험

**도전과 모험은 특별한 사람만 하는 건가요?**

아니요, 여러분은 이미 도전과 모험을 경험한 사람들입니다. 여러분이 엉금엉금 기던 아기였을 때 두 발로 서서 걸으려고 발걸음을 내딛는 행위 자체가 곧 도전이자 모험이지요. 너무 어렸을 때라 기억이 나지 않는다고요? 주변의 어린 아기들을 보세요. "자, 이제 걸어야지" 하고 단번에 걷는 아기가 있습니까? 아기들이 어디 어른들 말처럼 때 되면 저절로 걷나요? 아닙니다. 아기는 넘어지는 경험을 수도 없이 반복하며 균형감을 찾으려고 노력합니다. 아이는 3,000번을 도전해 걷게 되지요. 아기들은 자유롭게 걷기 시작하면서 뭐라도 붙잡고 아무데나 올라가려고 합니다. 소파 등받이에도 시도 때도 없이 올라가고 의자에도 올라가고 더 높이 탁자에도 올라가 앉아봅니다. 어쩌면 유아 시절에 발현된 걷기에 대한 도전과 모험의 DNA가 우리 몸에 각인되어 어른이 된 후 자연스럽게 대자연을 즐기게 된 것인지도 모릅니다.

가파른 암벽에 붙어서 거미처럼 올라가는 사람들을 보면 정말 신기

하죠. 발 디딜 곳도 잡을 곳도 없어 보이는데요. 하지만 그들은 스파이더맨 같은 초능력자가 아닙니다. 뛰어난 암벽등반가도 아기가 첫 걸음을 떼려고 균형 잡는 연습을 했던 것처럼 바위에 서서 균형을 잡는 연습부터 해야 합니다. 따지고 보면 아기가 걷는 것만큼의 모험도 아닙니다. 왜냐하면 우린 이미 생각하는 어른이 되었고, 경사면의 각도를 볼 줄 알고, 암벽화라는 특수 신발의 마찰력을 이용할 줄 알기 때문이죠. 암벽등반은 어린아이도, 여자도, 노인도 누구나 즐길 수 있습니다.

## 모험을 거부하는 것은 곧 삶을 거부하는 것이다

인간의 삶은 선택의 연속입니다. 매 순간 어떤 선택을 하느냐에 따라 운명이 달라지기도 합니다. 결국 자기 삶의 주인이 되어서 주체적으로 선택할 수 있는 안목, 통찰할 수 있는 내면의 힘이 중요합니다. 청소년 여러분은 많은 선택의 기회를 부모님께 맡기지요. 어쩌면 부모님들이 그 선택의 기회마저 주지 않을지 모릅니다. 하지만 어떤 선택을 하든 그 선택으로 인한 결과는 남의 몫이 아니라 온전히 내 몫이 되고 맙니다. 그렇다면 내 삶에서 벌어지는 일 중에 어떤 것을 취하고 버릴지 누가 선택하는 것이 옳은 일일까요?

도전은 인간의 주된 동기이자 핵심입니다. 인간은 기본적 욕구가 충족되는 환경에 오랫동안 머물고 싶어 합니다. 안전지대에 안주하고 싶은 욕구가 있는 것이지요. 그러나 한편으로는 모험을 즐기고 싶어 새로운 도전을 찾아 나서기도 합니다. 안전지대에 머물고 싶은 욕구가 강해서 아무것도 도전하지 않으면 성공하기는 어렵습니다. 확실한 길은 안전하지만 그곳에는 기회가 없는 것과 같은 이치입니다. 다윈은 "자연의 역경을 극복한다는 것은 곧 생명의 기본적인 특징이며 문화적인 생존의 열쇠"라고 말했습니다.

세 살밖에 안 된 어린 딸을 남편에게 맡기고 히말라야 대자연의 품으로 도전을 떠난 여성이 있습니다. 그리고 1975년 5월 16일 지구상의 최고봉 에베레스트를 여성 최초로 올랐습니다. 바로 다베이 준코입니다. 그녀는 일본의 환경운동가이자 교육학자인데요. 그녀의 도전은 여기서 멈추지 않고 '세븐 서밋'이라고 하는 7대륙의 최고봉을 모두 올랐습니다. 여성으로서는 처음 이루어낸 성과였지요. 그녀의 원대한 꿈이 실현되게 해준 힘은 불굴의 의지와 인내력이었습니다. 자연과 하나가 되는 것을 느낄 때 가장 행복하다고 생각한 다베이 준코는 미래의 주역이 될 청년들을 향해 이렇게 말했습니다.

> "텔레비전이나 인터넷을 통해서 모험을 경험하는 세대에게 위험이란 무해한 것이 되어버렸습니다. 하지만 인간은 위험을 통해 스스로 판단하고 독립적으로 행동하는 법을 배우게 됩니다."

야생 그대로의 정글에서 생존하는 과정을 리얼 버라이어티 쇼로 보여주는 〈정글의 법칙〉 프로그램이 오랫동안 고공의 시청률을 유지하면서 사랑을 받고 있습니다. 2011년에 첫 방송을 시작해서 햇수로 6년째, 200회 넘게 방영된 프로그램인데도 여전히 예능프로그램으로 1위를 고수하고 있어요. 요즘 사람들은 모험도 텔레비전을 통해서 하나 봅니다.

**사서 하는 고생**

우리는 고생을 사서 하기도 합니다. 고생을 겪으며 확고한 정신적 기반을 다지지요. 모든 것이 갖추어졌을 때엔 누구나 무엇이든 잘할 수 있습니다. 하지만, 인간의 기본적인 욕구조차 충족이 안 되는 극한 상황에서 자기 자신의 한계를 경험하면 아주 특별한 깨달음을 얻을 수 있습니다. 한국청소년오지탐사대에 참여한 대원들은 엄청난 경쟁을 뚫고 선발되어 오지 중의 오지에 가서 그야말로 사서 고생을 합니다. 아래 글은 사서 고생을 자초한 탐사대원의 자기 통찰입니다.

"나는 한번이라도 내가 진정으로 원하는 것을 위해 최선을 다해본 적이 있던가? 내가 꿈꿔온 것을 이루기 위해 기꺼이 목숨도 걸 수 있는가? 내가 왜 그토록 '오탐'을 원했던가. 이곳 롱고파크 정상을 오르며 다시 한 번 생각해보니, 결국 모든 것은 치열하게 나 자신을 마주하기 위한 시간들이었다. 해발 5,786미터의 정상에서 내가 울었던 이유는 스스로의 한계를 넘어설 수 있다는 마음이 들어서였던 것 같다. 희미하게 보이는 첩첩산중, 높고 낮은 히말라야 산줄기들의 굴곡이 내 지난 시간들 같아 눈물이 났다. 돌이켜보면 우리의 지난 시간들은 히말라야와 참 닮아 있다. 이곳 히말라야에서는 천천히 그러나 멈추지 않는 것이 무엇보다 중요하다. 힘들다고 조금만 멈춰도 금세 추위에 몸이 떨린다. 부단히 몸을 움직여야만 정상에 도착할 수 있다. 걷는 내내 새삼 나에게 놀랐다. 근성이 없다고 스스로 불만이었는데 이번 탐사를 통해 자각하고 있지 못하던 근성을 발견할 수 있었다. 나는 내가 생각했던 것보다 강했다. 그러나 이는 절대 나의 힘이 아니다. 늘 곁을 지켜준 팀원들과 대장님이 있기에 매번 포기하지 않을 수 있었다"

-『2014, 한국청소년오지탐사대 보고서』 발췌

대자연의 혹독함과 고난은 인간을 두려움에 떨게 하는, 대자연이 선사하는 위대한 가르침입니다. 대자연에서 겪는 시련과 고통은 인내심을 기르게 하며 인간의 정신은 더욱 단련됩니다. 그러한 모험은 인간을 행복하게 합니다.

## 극한의 오지로 떠난 대한민국 7인의 정치인

SBS에서 〈최후의 권력〉이라는 다큐 프로그램을 방영한 적이 있었습니다. 우연한 기회에 시청했는데 우리나라 유명 정치인 7명이 코카서스 산맥을 오르고 있었어요. 프로그램의 목적은 매일 1명씩 빅맨(Big Man)*을 뽑아서 산행 중에 일어나는 모든 상황을 통솔할 수 있는 의사결정권을 주고 그에게 주어진 권력을 어떻게 행사하는지 관찰하는 것입니다. 해발 3,000미터의 대자연에서 7명의 대원을 이끌고 생존에 필요한 것을 해결하기 위해서는 매 상황마다 의사결정이 아주 중요합니다. 목적지까지 가는 길을 찾아야 하고, 위험한 강물을 안전하게 건너기 위한 방법을 선택해야 하고, 캠프 장소를 선택해야 하고, 취사를 해야 하는 등 일련의 과정을 함께해나간 정치인들은 대자연에서의 모험으로 얻는 것들이 많습니다. 7박 8일의 긴 산행 동안 한 사람만 잘해서 되는 일은 없다는 것을 깨달은 것이지요. 함께 밥을 하고, 텐트도 치고, 불을 피워야 합니다. 일을 반복하면서 자기 자신을 다 드러내게 됩니다.

---

* 빅맨(Big man): 권력의 일임자, 코카서스 지역의 부족사회에서의 최초의 일인자인 빅맨이 나타났다고 한다.

　정당과 이념이 다른 정치인들이 프로그램 후반부에 다다르니 선후배가 되어 친밀감을 느꼈습니다. 대자연에서는 정당도, 이념도 중요한 것이 아니었으까요. 서로 힘을 합쳐야 위기를 극복하고 생존할 수 있는 그런 경험이 이들을 변화시킨 것입니다. 한 정치인이 솔직한 심정을 털어놨습니다. 현실 정치에서 정치인들끼리 친밀감을 구하기가 어렵다고 토로하며 "인간적으로 미워하니까 저 사람이 하는 얘기가 옳은 얘긴데도 옳은 이야기로 받아들여지지가 않는 거예요" 하며 귀국하면 같이 만나서 할 얘기가 많을 것 같다고 웃었습니다. 척박한 환경에서 소중한 체험을 한 이들은 국회의원에 당선되면 여야 정당이 모여 무인도처럼 아주 척박한 환경에서 한 달간 생존 훈련을 해야겠다고 말했습니다. 그러면 정말로 실질적인 것들, 나라의 미래와 국민의 생존을 위해서 진짜 필요한 사안들을 진심으로, 그리고 솔직하게 논의하는 정치 풍토가 형성되지 않겠냐면서요.

**자연과 함께 걷다 보면 늘 더 많은 것을 얻는다**

학교는 공부하는 시간, 먹는 시간, 노는 시간 등이 시간표에 따라 통제됩니다. 비단 학교뿐만 아니라 사회인들의 직장생활도 마찬가지입니다. 틀에 박힌 삶 속에서 청소년들은 사회가 세워준 목표에 무조건 끌려갑니다. 이런 환경 속에서 인간이 본래부터 가지고 태어났던 지각능력과 창조성은 점점 사라지고 맙니다. 우리가 더 늦기 전에 자연으로 돌아가 순수한 감각을 되찾고 삶의 놀라운 기쁨을 맛보는 창조적 경험을 해야 하는 이유입니다.

미국 유타 대학교 심리학과 교수인 데이비드 스트레이어와 캔자스 대학교 루스 앤 애칠리는 창조성을 높이기 위해서는 현대의 과학기술과의 접속을 끊고 자연에 머물 필요가 있다는 연구결과를 발표했습니다. 이 연구는 알래스카에서 4일간 백팩 여행에 참가한 사람들을 대상으로 여행 전과 여행 후 창조적 문제 해결 능력의 변화를 다룬 것인데요. 연구 결과 여러 가지 미디어와 테크놀로지를 차단하고, 자연 속에 잠겨

보낸 4일간이 창조적 문제 해결 테스트 성적을 50% 향상시킨 것으로 나타났습니다. 자연에서의 활동이 창조적 문제 해결에 있어 실제로 측정 가능한 효과가 있음을 공식적으로 증명한 연구였습니다.


**오른 만큼 보인다**

여러분의 하루하루가 힘든 이유는 조금 높은 곳을 오르고 있기 때문입니다. 내가 하기 쉬운 일만 골라서 한다면 편안하고 어려운 것이 없는 평지를 걷는 것이지요. 내가 하기 힘든 일에 도전하지 않는 삶, 평지만 오래 걷는 인생은 행복한 삶이 될 수 없습니다. 할 수 있는 일만 한다는 의식을 깨트리고 불가능하다고 여겨지는 목표를 자꾸 세우고 그것을 달성하려는 의지를 키워야 합니다.

험준한 산에 오를수록 고난의 강도는 높아집니다. 험준한 산에는 곳곳에 커다란 벽이 있습니다. 이 벽은 높이 오르겠다는 목표를 가지지 않았다면 만나지 않아도 되는 시련입니다. 하지만 이 벽 또한 열심히 살아가려고 하는 증거이기에 일단 벽이라는 난관에 부딪치면 당당하게 맞서야 합니다. 이런 시련을 긍정적으로 받아들이고 산에 오르다 보면 몸과 마음이 일상에서 분리되어 내 중심으로 바라보던 세상이 다르게 보이기 시작합니다. 높이 오를수록 세상을 넓게 볼 수 있습니다. 오른 만큼 보이는 법이니까요. 높이 올라가지 못한 사람은 자신의 높이에만 생각이 머물게 됩니다.

산 정상에 오르면 누구나 멀리 볼 수 있어요. 높은 곳에 오르면 넓은 세상이 펼쳐 보입니다. 높은 산의 정상에 올라서본 사람만이 볼 수 있

는 광경이지요. 산에 높이 오른 사람들은 남다른 시각을 가집니다. 그것은 멀리 바라볼 수 있는 '안목'과 전체적인 상황을 보고 눈앞의 상황을 예리하게 분별할 수 있는 '통찰력'입니다.

스스로 높은 목표를 세우고 험난한 산을 오르기를 마다하지 않는 산악인들에게 산을 보라고 하면 자연스레 구름 위를 쳐다봅니다. 이처럼 삶의 목표를 설정할 때도 산에 오르듯 보다 높은 산, 험한 산을 올라 그 정상에서 세계를 조망해볼 수 있어야 합니다.

# 행복하려거든 산으로 가라

## 자신의 마음을 보살피는 휴식

여러분은 몸과 마음이 모두 지쳤을 때 어떤 방식으로 휴식을 취합니까? "아무래도 게임"이라고 대답하는 청소년이 많을 듯합니다. 누군가는 음악을 듣거나 영화를 보고, 좀 더 적극적인 사람들은 여행을 떠나 휴식을 취할 것입니다. 그런데 하던 일을 멈추고 잠깐 쉬는 것을 뜻하는 '휴식'이란 말의 뜻을 풀어보면 이렇습니다. '휴(休)'는 사람(人)이 나무(木)에 기대어 있는 모양이며, '식(息)'은 자신(自)의 마음(心)을 들여다보는 것입니다. 그러므로 휴식은 복잡한 일상에서 벗어나 자연으로 들어가 나무에 기대어 스스로를 돌아본다는 의미가 되지요.

알프스 최고봉 몽블랑을 등정하고 귀국길에 프랑스를 방문했던 적이 있습니다. 세계 3대 박물관 중 하나인 루브르박물관을 방문했습니다. 학교 다닐 때 교과서에서 보던 작품을 마주하니 감격했지만 그 감정은 오래가지 않았습니다. 당시에는 한국어 음성 가이드가 없었거든요. 아는 만큼 보인다고 하지 않습니까, 작품에 대해 뭔가 좀 더 알고 싶은 욕

구가 있었으나 도움을 받을 길이 없어 여덟 시간 이상 걸린다는 박물관 투어를 단 세 시간에 마치고 일행은 박물관을 빠져나왔지요.

예술작품을 감상할 때는 아름다움의 가치를 분석할 수 있어야 제대로 감탄할 수 있습니다. 하지만 자연은 다릅니다. 감탄하기 위해 많은 지식을 갖출 필요가 없어요. 나무와 풀의 이름을 일일이 알지 못해도 그저 바라보는 것만으로 그 아름다움에 '와우!' 하면서 탄성을 지를 수 있잖아요? 그래서 일찍이 철학자 칸트는 "자연의 아름다움이 예술의 아름다움보다 우월하다"라고 주장했나 봅니다. 휴식은 이렇게 하는 것입니다. 아무 생각을 하지 않아도 그냥 품에 안겨 있으니 좋고, 아름다운 경치를 보고 감동을 받을 수 있으니 좋은 겁니다. 자연의 품 안에서 말이에요. 이처럼 그냥 있는 것만으로 '와우!'라는 감탄사를 외칠 수 있다면 그것이 진짜 휴식 아닐까요?

나무에 기대어 휴식을 취하는 것도 좋지만 한걸음 더 나아가 등산을
하다 보면 스스로 마음을 조절할 수 있는 힘이 생겨나고 이런저런 어려
운 상황을 해결해갈 수 있는 좋은 아이디어도 떠오릅니다. 산을 오르다
보면 험난한 길과 마주하게 마련인데요. 처음엔 마치 우리의 육체적 능
력을 시험이라도 하듯 힘들고 어렵게만 느껴집니다. 그러나 오르는 데
집중하다 보면 어느새 몰입하게 되고 이런 과정에서 성취감도 얻게 되
지요.

정상에 오르면 크게 감동이 몰려옵니다. 대자연에 대한 경이로움과
정상에 오른 자신에 대한 감동이지요. 여러분, 자주 감동을 느끼세요. 감
동은 일상에 생기를 불어넣고 삶의 보람을 찾아줍니다. 감동을 받으면 행
복호르몬인 세로토닌, 도파민, 엔돌핀 등이 마구마구 분출됩니다.


## 세로토닌을 만드는 비밀병기

행복호르몬의 대표 주자인 세로토닌은 조절호르몬이라는 별명을 가지
고 있습니다. 이것은 세로토닌이 마음의 평온을 유지하게 해주는 기능
을 갖고 있다고 하여 생긴 말입니다. 세로토닌이 부족하면 행복하지 않
은 여러 생각들이 우리 몸을 맘대로 조정하게 됩니다. 우울하고 화나고
밉고…… 결국 이런 감정들이 우리 몸을 지배하게 되지요.

지금 몹시 지쳐 있거나 우울하거나 화가 내 맘을 지배하고 있다면 밖
으로 나가서 걸으세요. 아니 방 안을 서성이는 것만으로도 세로토닌
신경을 자극할 수 있답니다. 5분만 걸어도 세로토닌이 분비된다고 합니
다. 우리 몸은 유전적으로 걷는 게 즐겁도록 설계되어 있습니다. 인류

초기 원시인은 수렵, 채집을 위해서 온종일 걸었습니다. 일과가 걷는 것이었어요. 인간의 본성을 따르는 일은 누구나 쉽게 할 수 있습니다. 걸으면 인생이 바뀌고 생각이 바뀝니다. 걸으면 '해마'라고 불리는 뇌구조의 크기를 증가시킬 수 있는데, 해마는 기억 형성에 중요한 역할을 합니다. 걷기는 창의성도 향상시킵니다. 걸으면 인간에게 폭넓은 사고가 가능해져요. 그냥 걷기만 해도 이렇게 좋은 점이 많은데, 산길을 걸으면 어떨까요?

## 피톤치드*로 건강 샤워

등산학교 교육생들을 새롭게 만날 때마다 산을 오르면서 소나무 이야기를 합니다. "소나무가 겨울에도 푸른 이유를 아세요?" 그냥 원래 그런 거려니 생각했던 현상에 대해 궁금증을 가져보지 않은 분들은 대답을 잘 못합니다. 여러분은 그 이유를 아십니까? 다른 나무들은 봄에 새싹이 나고 가을이 되면 그 잎이 떨어져 겨울에 앙상한 가지만 남는데 소나무는 어떻게 하여 겨울에도 푸른 잎을 간직할 수 있는 걸까요? 바로 잎의 수명과 관계가 있습니다. 활엽수는 잎의 수명이 1년인데 침엽수의 잎은 수명이 2~3년입니다. 활엽수는 매년 가을이면 잎이 지지만 침엽수는 올해 새로 나온 잎이 다음 해 가을이 되어야 떨어지게 되어 겨울에도 푸른 잎을 달고 있는 것입니다.

---

* 피톤치드: '식물'이라는 뜻의 '피톤(Phyton)'과 '죽이다'라는 뜻의 '사이드(Cide)'를 합쳐 만든 말로, 미국 세균학자 '왁스먼'이 처음 이름을 붙였다고 한다. 피톤치드는 식물이 병원균, 해충, 곰팡이에 저항하려고 스스로 만들어 발산하는 휘발성 물질로서 그 주성분은 테르펜(Terpene)이라고 하는 유기화합물로 알려져 있다.

이 이야기는 소나무와 같은 침엽수에서 왜 유독 피톤치드가 많이 방출되는지와 관계가 있습니다. 피톤치드는 나무가 자라는 과정에서 자신을 보호하려고 내뿜는 물질이잖아요. 피톤치드에는 살균, 살충 성분이 포함되어 있습니다. 활엽수와 달리 침엽수는 잎도 가늘고 낙엽도 적어서 주변 땅이 척박할 수밖에 없습니다. 따라서 척박한 땅에서 생존해야 하는 침엽수가 다른 식물들이 주변에 자라지 못하도록 강력하게 피톤치드를 방출하는 것입니다. 피톤치드는 균을 억제하는 역할을 하지만 인체에는 이롭게 작용합니다. 호흡을 통해 피톤치드를 흡수하면 스트레스가 완화되고 심리적으로 안정되는 효과가 있을 뿐만 아니라 항염증 작용을 하여 면역력 또한 높아진다고 합니다.

일상에 치여 지칠 때는 세로토닌과 피톤치드 가득한 산에 올라가세요. 가장 쾌적한 공간에서 아름다운 경치를 감상하며 몸을 움직이기 때문에 즐거움과 성취감을 함께 느낄 수 있답니다.

실제 등산을 하고 난 다음날 혈액 속에 베타 엔돌핀의 양을 측정한 연구가 있었는데요. 등산 후에 베타 엔돌핀이 10~20% 상승한다는 결과가 나왔습니다. 뇌에서 분비되는 호르몬 가운데 가장 강력한 효능을 지닌 베타 엔돌핀은 통증을 완화하며 기분이 좋아지게 만들어주는 천연마취제입니다. 뿐만 아니라 뇌 기능을 활성화시키고, 스트레스에 대한 면역력도 키워주기 때문에 학업에 지친 청소년 여러분에게 도움이 된답니다.

**몸과 마음을 다스린다**

등산은 몸을 건강하게 만들어줄 뿐만 아니라 마음의 건강을 선사합니다. 산은 나를 어루만지고 내 등을 다독거리고 마음의 병을 치유해줍니다. 산에는 영혼의 허기를 채워주는 식재료들이 널려 있지요. 우리는 그것을 주워 담기만 하면 됩니다. 맑은 공기와 피톤치드는 뇌의 공기청정기입니다. 초록빛은 천연 안약입니다. 눈의 피로를 풀어주거든요.

산에 들어서면 마음이 편안해지고 우울한 마음은 사라집니다. 처음에 산에 오르기 전 복잡했던 마음도 높이 오르면 오를수록 오로지 정상을 향한 화두 하나로 모아집니다. 그리고 마침내 정상에 섰을 때 무념무상의 경지에 이릅니다. 몰두와 몰입은 정신수양에 이르는 지름길입니다. 산에 오르는 행위가 그것을 가능하게 해주지요. 산에 다녀오면 마음이 뿌듯하고 개운한 이유입니다.

**산을 좋아하는 DNA**

나무와 풀과 온갖 동물이 공동체 삶을 영위하는 숲은 생명의 활기가 넘쳐나는 커다란 생명체입니다. 숲으로 들어가면 나뭇잎에 스치는 바람소리, 계곡의 시원한 물소리와 함께 작은 풀꽃들까지 소소한 아름다움들이 보너스로 더해져 마음과 신체에 활력이 솟아나며 편안해집니다. 하버드 대학교 생물학 교수 애드워드 윌슨은 인간이 숲을 거닐 때 편안한 느낌을 받는 이유를 '바이오 필리아'라는 가설로 설명했습니다. '바이오 필리아'란, 생명이라는 뜻의 '바이오'와 그리스어로 '사랑'이란 뜻이 합쳐진 말로 인간의 DNA에는 이처럼 생명을 사랑하는 마음이 녹아 있다는 것입니다. 인간은 아프리카의 열대우림에서 살던 유인원이 땅으로 내려와 전 세계로 퍼진 포유류입니다. 우리 유전자에는 이처럼 아프리카 대자연에 대한 원초적인 사랑이 새겨져 있다고 보는 것입니다.

우리는 자연의 생명줄로부터 왔으니까 이제부터라도 자연과 더불어, 함께 삶을 살아가도록 노력해야 합니다. 산은 우리에게 긍정과 희망의 에너지를 줍니다. 힘들게 산에 오르고 내려오는 사이 우리도 모르게 몸과 마음은 에너지를 한껏 얻어 생기가 넘치는 것을 여러분도 몸소 느껴보시기 바랍니다.

# #2장
# 산을 즐기는
# 다양한 방법

등산 Mountaineering

산책, 하이킹, 백패킹, 트레킹, 암릉 및 암벽등반 등을 포함하는

포괄적 개념으로 산을 오르는 것 자체를 목적으로 하고

이 일을 통하여 심신을 단련하고 즐거움을 찾는 행위이다.

**100미터 산이 어려울 수도 있고, 1,000미터 산이 쉬울 수도 있다**

등산은 하고 싶은데 "엄두가 안 나 못 간다"라고 말하는 사람들이 있습니다. 엄두가 안 난다고요? 대체 그 '엄두'라는 것이 무엇일까요? 엄두의 한자어를 보면 '생각할 념(念)', '머리 두(頭)'입니다. 생각의 첫머리라는 의미를 갖고 있지요. 등산을 하고 싶은데 '엄두를 못 낸다'라는 의미는 등산을 시도하기는커녕 해볼 생각조차 하기 어렵다는 의미이지요. 등산하는 것이 왜 엄두가 나지 않을까요? 산에 올라가는 것이 힘들 것이라고 지레짐작하기 때문입니다. 그래서 많은 사람들이 시도하기도 전에 등산할 생각을 포기해버립니다. 등산이 힘들다는 인식은 타인으로부터 전해들은 정보에 의한 사고일 뿐입니다. 등산이 힘들지, 힘들지 않은지는 실제로 등산을 해봐야 알 수 있지 않을까요! 100미터 산도 힘들게 올라가면 어려운 산이 되고, 1,000미터 높이의 산도 힘들지 않게 올라가면 쉬운 산이 됩니다.

## 갈 수 있는 산을 선택하자

월요일에 등교했더니 친구가 주말에 부모님과 설악산에 다녀왔다며 스마트폰에 담긴 설악산의 환상적인 풍경을 보여줍니다. 구름이 저 아래 있고 높은 나무 아래에서 구름을 향해 만세를 하고 있는 친구가 정말 대단해 보입니다. '좋아, 나도 한번 가봐야지' 하고 마음먹고 다음 주말에 부모님을 졸라서 설악산으로 향합니다. 그런데 출발한 지 1시간도 채 안 되어서 엄마가 힘들어서 못 가겠다고 합니다. 자신도 힘들지만 구름 위에 서서 인증샷을 찍어 친구에게 자랑을 해야 하니 꾹 참고 조금 더 올라가봅니다. 이번엔 아빠가 그만 올라가고 내려가자고 합니다. 혼자 내려가고 있을 엄마도 걱정이고 아빠도 힘들다고 하는데요. 다른 등산객들은 가족을 추월하여 빠른 속도로 올라갑니다. 한 분이 아빠에게 그렇게 걸어서는 정상에 갔다가 해 지기 전에 내려올 수 없다고 합니다. 결국 뒤돌아서 하산합니다. '내려가는 것은 금방 하겠지' 했는데 마음 같지 않게 다리가 계속 후들거리며 힘이 빠집니다.

이렇게 첫 산행을 경험한 가족들은 "등산 그 힘든 걸 왜 하냐?"라고 말할 게 분명합니다. 다음에 행여 누가 산에 가자고 하면 절대 못 간다고 하겠지요! 이 가족은 첫 단추를 잘못 꼈습니다. 첫 산행을 너무 높은 곳으로 정한 거예요. 4~5시간 걸어가면 정상에 올라갈 거란 정보는 일반적으로 등산을 즐기는 사람들의 기준이었던 것입니다. 오르막길을 오르는 근력이 단련되지 않은 사람들에게는 가당치 않은 소립니다. 막상 죽을 힘을 다해 정상에 올라갔다고 칩시다. 내려오는 길은 더욱 막막할 겁니다.

가고 싶은 산이 아닌 갈 수 있는 산을 가자!

## 행동 모멘텀

심리학에서 '행동 모멘텀 기법'이라는 것이 있습니다. 모멘텀은 행동 변화를 일으키는 계기를 말하는 것인데 이것의 효과는 어떤 성공의 경험이 또 다른 성공을 낳게 해주는 연속적인 사이클을 형성하는 것입니다. 어떤 새로운 일에 직면했을 때 못 하겠다고 생각하는 것은 능력이 없어서가 아닙니다. 어쩌면 시작을 하지 않았기 때문일지도 모릅니다. 어떤 일이든 그렇게 하기 싫다가도 일단 시작만 하면 의외로 쉽게 풀리는 경우도 많잖아요? 등산 약속을 잡아놓고 어제 저녁 야근으로 몸이 천근만근이어서 나서기가 싫어집니다. 하는 수 없이 주섬주섬 배낭을 메고 산에 오르면 언제 그랬냐는 듯이 몸과 맘이 상쾌해집니다. 도리어

내려가기 싫어져서 나무 그늘 아래 주저앉아 망중한을 즐깁니다. 바로 그런 것입니다. 어떻게 이런 일이 가능할까요? 자의건 타의건 간에 어떤 일을 시작하면 우리 뇌의 측좌핵 부위가 흥분하기 시작해 점점 더 그 일에 몰두할 수 있게 의욕을 만들어주기 때문입니다. 그렇다면 등산을 잘하는 데엔 어떤 모멘텀이 필요할까요?

## 시작이 반이다

등산을 잘하려면 산에 자주 가야 합니다. 정신의학자 에밀 크레펠린은 발동이 걸리면 자동으로 작동되는 기계처럼 하기 싫던 일도 일단 하다 보면 그것이 계기가 되어 계속하게 된다는 것을 '작동흥분이론'으로 설명했습니다. 이 이론을 적용하면 산에 가기가 싫어도 산을 올라가기 시작만 하면 뇌가 자극을 받아 금세 산을 오르는 일에 집중하게 되는 것을 알 수 있습니다. 이처럼 우리 몸은 일단 움직이기 시작하면 멈추는 데에도 에너지가 소모되기 때문에 하던 일을 계속하는 게 더 합리적이라고 판단합니다. 비단 산에 오르는 일뿐이겠습니까? 우리의 일상도 마찬가지입니다. 할 일이 있을 때 의욕이 없어서 미적대다가도 마음먹고 시작하면 언제 그랬느냐는 듯 어느새 일에 몰두하고 있는 자신을 발견할 수 있잖아요?

## Step by Step

등산학교에서 교육생들을 보면 워킹을 잘하는 사람(산행 경력이 많은 사람)이 암벽등반도 잘합니다. 워킹을 잘하는 사람은 다리 근력도 있고 균형감도 좋습니다. 이러한 신체적 조건은 가파른 벽에 두 발로 서서 균형을 유지하며 위로 올라가는 암벽등반을 하는 데 유리하게 작용합니다. 반면 산행 경험 없으면 좀 불리합니다. 아무리 체력과 담력이 좋아도 암벽에서 균형감을 유지하고 두 발로 걷는 데 적응하기까지 상당한 시간이 필요하기 때문이에요.

등산학교 졸업생들에게는 '그랜드 슬램'이라는 목표가 있습니다. 등산학교 정규반 과정부터 시작해서 암벽반, 빙벽반, 설상반 등의 교육 과정을 모두 수료하는 것인데요. 산행의 기초부터 야영하는 법, 암벽등반, 빙벽등반, 고산등반을 위한 설상등반 기술까지 전 과정을 마치는 것이지요. 이렇게 차근차근 교육 과정을 마친 졸업생들은 알프스의 첨봉을 오르고, 히말라야 고산등반에도 도전합니다.

지구상의 가장 높은 봉우리 에베레스트에 오른 위대한 성취를 이뤄낸 등반가도 처음에는 작은 산에서부터 시작했습니다. 아무리 큰일도 작은 일로 나누면 쉬워집니다. 그래서 이번에는 하이킹부터 고산등반에 이르기까지 다양하게 산을 즐길 수 있는 방법을 소개하고자 합니다. 등산전문가의 꿈을 이루려는 여러분도 소소하게 숲을 거닐며 하이킹을 즐기다 보면 어느새 고산에 우뚝 서 있는 스스로를 발견하게 되지 않을까요?

# 산길 걷기

**트레일**

'트레일'은 오솔길, 산길, 시골길 등에 길고 오래 걸을 수 있도록 다져놓은 길을 말합니다. 트레일은 몇 시간이면 즐길 수 있는 단거리 트레일부터 수백 수천 킬로미터에 달하는 장거리 트레일도 있습니다. 우리나라에서 즐길 수 있는 대표적인 장거리 트레일은 제주도 올레길이에요. 제주 해안선을 따라 총길이 350킬로미터에 달하는 트레일인데요 '올레길'은 '집으로 통하는 아주 좁은 골목길'이란 뜻을 가진 제주도 방언입니다. 제주도 올레길이 많은 관심을 끌자 각 지자체에서는 지역의 산길을 중심으로 지역 문화 체험을 함께할 수 있는 둘레길을 많이 조성했지요. 지리산 둘레길도 같은 취지에서 만들어졌는데요. 이것은 총 300여 킬로미터의 장거리 트레일입니다. 서울의 북한산국립공원에 있는 '북한산 둘레길'은 21개 구간으로 총 길이가 71.5킬로미터입니다.

최근에는 '서울 둘레길'이 인기를 끌고 있어요. 총 157킬로미터의 길이로 사람을 위한 길, 자연을 위한 길, 산책하는 길, 이야기가 있는 길 등의 테마로 조성되어 있습니다. 각 구간별로 완주 스탬프를 찍을 수 있는 이벤트를 하고 있어서 특히 청소년들이 많이 참여하지요. 전 구간을 완주하면 서울특별시장 이름으로 '서울 둘레길 완주 인증서'를 발급해 줍니다.

전 세계 하이커들이 동경하는 유명한 장거리 트레일은 총 길이가 3,500~5,000킬로미터에 달하는 미국의 유명한 3대 트레일[*]입니다. 이 3개의 트레일을 모두 완주하는 것을 '트리플 크라운(Triple Crown)'이라 합니다. 최근 아웃도어 뉴스를 접하면 이 엄청난 트레일에 도전하고 있는 한국의 젊은 청춘들 소식이 종종 들려오는데요. 모험적인 도전을 계속하는 청년들의 용기와 성취가 곧 우리나라 미래의 힘이 되지 않을까 하는 기대에 흐뭇해집니다.


**하이킹 & 트레킹**

하이킹은 우리말로는 '터벅터벅 걸음', '사이좋게 걸음'을 뜻하며 낮은 산 또는 산야를 즐기면서 걷는 것을 말합니다. 반면 트레킹은 오지여행의 개념을 가지고 있어요. 산악지대를 며칠 또는 몇 주에 걸쳐 오래 걷는 것을 의미합니다. 알프스나 히말라야 등 고산지대를 비교적 장기간 걷는 여행을 일컬을 때 주로 사용되지요.

히말라야 에베레스트 베이스캠프 높이는 해발 5,400미터입니다. 이곳

---

[*] 미국의 3대 트레일: CDT(Continental Divide Trail, 5,000km)는 미국 중서부 로키 산맥을 따라 걷는 코스다(http://continentaldividertrail.org). PCT(Pacific Crest Trail, 4,265km)는 미국 서부를 종단, 남쪽의 멕시코 국경지대에서 출발하여 북쪽의 캐나다 국경지대에서 끝난다. AT(Appalachian Trail, 3,500km)는 동부 애팔래치아 산맥을 따라 미국을 종단하는 코스다.

에 오르는 것을 우리는 "에베레스트 베이스캠프까지 트레킹 했어"라고
말합니다. 산의 높이로 보자면 우리나라에서 최고 높은 산의 2배가 넘
는 높이인데 등산이 아니고 트레킹이라고 합니다. 등산이 산 정상에 오
르기를 목적으로 하는 것과 달리 트레킹은 종착지점을 중요하게 생각
하지 않습니다. 즉, 등산은 수직 방향으로 걷고, 트레킹은 수평 방향으
로 걷는 것입니다.

　장거리 트레킹을 할 때엔 몸에 가해지는 부담을 최대한 줄여야 합니
다. 그래서 트레커는 조금이라도 체력을 아끼며 오랫동안 걷는 방법을
찾아야 하는데, 가장 확실한 방법은 다름 아닌 '짐 무게 줄이기'입니다.
그런데 짐 줄이기가 그리 쉬운 일은 아닙니다. 많은 경험을 해야만 비로
소 버려야 할 것과 취해야 할 것을 나눌 수 있는 지혜가 생긴답니다.


**멘탈 파워를 기르는 하이킹**

중국의 만방국제학교의 신개념 교육법을 소개한 최하진의 『세븐 파워
교육』에서는 장거리 도보여행이 멘탈 파워를 기르기에 좋다고 소개합
니다. 만방국제학교에서는 매년 봄에 25~30킬로미터 정도를 걷는데요.
장거리 도보여행을 하는 이유는 몸의 근력이 있어야 건강한 생활을 유
지할 수 있고 마음에도 근력이 붙기 때문이라고 합니다. 그래서 1년에
두 번 정도 30킬로미터 이상의 도보여행 등에 도전하게 독려하여 자신
의 한계를 극복하는 멘탈 파워를 키우게 하는 거예요.

**하이킹의 기본은 걷기다**

먼 길을 걸을 때는 오랫동안 탈 없이 잘 걷기 위해 에너지 소모를 최소화하는 걸음걸이가 중요합니다. 걷는 속도가 너무 빨라도, 너무 느려도 에너지 소모가 많아집니다. 평소 운동 삼아 걸을 때처럼 분당 100보 전후의 속도로 걸으며 보폭을 너무 넓히지 말고 좁은 보폭으로 사뿐히 발을 옮기면 됩니다. 걷는 도중 숨을 헐떡이고 있으면 너무 빨리 걷고 있다는 증거입니다. 옆 사람과 대화를 나누어도 숨이 가쁘지 않은 정도가 적당한 속도입니다.

발끝의 방향도 에너지 소모에 영향을 미칩니다. 눈이 내린 길에 남겨진 사람의 발자국을 떠올려보세요. 두 발이 11자를 유지하며 나란히 가고 있지 않습니다. 어느 쪽 발이든 한쪽 발이 바깥쪽으로 벌어진 모양을 하고 있지요. 산길에서는 이렇게 오래 걸으면 좌우로 무게 중심 이동이 계속해서 흔들리기 때문에 에너지 소모가 많아집니다. 걸을 때 발끝을 진행 방향에 똑바로 맞추어서 걸으면 힘이 덜 들고 무릎의 부담도 줄어듭니다. 그리고 발바닥으로 지면을 더 확실하게 디딜 수 있어 안전한 보행법이 됩니다.

긴 오르막에서는 '레스트 스텝(rest step)'을 사용하세요. 이른바 '휴식보행법'인 레스트 스텝은 쉬지 않고도 지친 다리 근육을 쉬게 할 수 있는 보행법입니다. 레스트 스텝을 사용할 때는 발바닥 전체로 지면을 밟고 의식적으로 종아리보다 고관절부터 먼저 움직이며 걷게끔 의식을 집중해보세요. 훨씬 경쾌하고 편하게 걸을 수 있답니다.

## 에너지를 절약하는 레스트 스탭

레스트 스탭은 산행 중 에너지를 절약하는 보행법입니다. 일반적으로 사람들이 가파른 산을 오를 때의 모습을 관찰해보면 올려 디딘 앞쪽 발을 쭉 펴기도 전에 뒤쪽 발을 앞으로 내미는 것을 볼 수 있습니다. 이 것은 양쪽 발 모두 에너지를 소비하는 잘못된 자세입니다.

레스트 스탭의 기본 원리는 중심 이동입니다. 산을 오를 때 한쪽 발을 앞으로 올려 딛고 있으면 무릎이 적당히 구부러집니다. 이때 바로 다음 발을 내딛는 것이 아니라 구부러진 발 쪽으로 체중을 모두 옮겨야 합니다. 그리고 구부러진 무릎을 가볍게 펴주는데, 이 짧은 순간에 뒤쪽 발은 0.2~0.3초 정도 휴식을 취할 수 있습니다. 무릎을 펴고 일어날 때는 자신의 체중을 근육이 아닌 뼈로 받치도록 합니다. 근육의 힘을 절약하는 것이지요. 레스트 스탭은 연속되는 근육 운동에서 근육의 피로를 풀어주고 산소와 영양을 공급합니다. 이 보행법에 숙달되면 장시간 산행에 지치지 않고 걸으면서도 에너지를 절약할 수 있습니다.

1. 적당한 보폭으로 걷는다.

2. 진행하는 발쪽으로 중심을 이동시킨다.

3. 중심을 이동하여 구부린 무릎을 펴주며 일어설 때 뒤쪽 발은 잠깐 동안 휴식을 취할 수 있다.

**백패킹**

백패킹은 짐이 든 배낭을 메고 도시를 벗어나 1박 이상 자연으로 여행을 떠나는 겁니다. 인공으로 다듬어지지 않은 산과 들을 그대로 즐기는 활동이지요. 캠핑은 한때 대단히 유행했지만, 지금은 짐을 대폭 줄인 미니멀 캠핑으로 전환되고 있습니다. 자동차로 갈 수 없는 오지나 계곡, 산, 섬 등으로 자유롭게 여행할 수 있는 백패킹을 더 선호하는 것인데요. 백패킹은 트레킹과 유사하지만 코스가 주로 계곡이나 냇가를 끼고 있다는 점이 다릅니다. 특히 물가에서 백패킹을 할 때는 출발하기 전에 일기예보를 꼼꼼히 체크하고 비상시에 대비하여 물가에서 일정거리를 두고 야영하는 것이 안전합니다.

　백패킹을 즐기는 동호인이 증가하면서 자연환경을 헤친다는 우려가 커지고 있습니다. 사람이 야영을 하면 자연환경을 훼손할 수 있어요. 백패커들이 머물다 간 장소에 가서 보면 꾹꾹 밟혀 발가벗겨진 땅, 타다 남은 재와 찌꺼기, 버려진 휴지 조각들이 널려 있는 모습을 볼 수 있는

데요. 사람이 머문 이상 흔적도 남게 마련이지만, 최대한 그 흔적을 지우고 떠나야 합니다. 여러분이 백패킹을 즐길 때는 야산에서 먹고 마시는 즐거움의 백패킹이 아닌 자연에서 느리게 걸으며 자신을 성찰하고 인간과 자연과의 관계에 대해 사색할 수 있는 활동이 되기를 바랍니다.

**경쾌한 백패킹을 위한 짐 꾸리기**

하루 이상 야영에 필요한 짐을 지고 산길을 걷고 오르려면 우선 자신의 체력에 맞는 등짐을 지는 것이 중요합니다. 이것저것 장비를 계속 챙기다 보면 짐이 무거워지고 고생길이 열립니다. 백패킹에 필요한 장비는 야영을 위한 텐트와 침낭, 매트리스, 취사를 위한 코펠과 스토브, 운행을 위한 배낭, 등산스틱 등이 있습니다. 이 밖에 식량과 행동식, 구급약

품 등이 필요합니다. 이런 많은 장비들을 배낭에 넣어 내 어깨에 메고 걸어야 하니 조금이라도 더 가볍게 하고 싶겠지요. 그래서 백패킹에 사용되는 장비들은 갈수록 가볍게 만들어집니다. 물론 장비의 경량화도 중요하지만 제가 말씀드리고 싶은 점은 '간소화'입니다. 백패킹은 자연을 직접 느끼려고 떠나는 여행인 만큼 최소한의 짐만 챙겨서 간소하게 즐기는 지혜를 발휘해야 합니다.

배낭을 꾸리기 전에 챙겨야 할 물건들을 한자리에 모아놓고 한번 고민해보세요. 정말 필요한 물건만 있는지, 식량의 양은 적당한지, 의류는 최소한만 챙겼는지 등을 꼼꼼하게 체크해 짐을 줄여보세요. 부식과 행동식 등은 포장을 벗겨서 끼니별로 지퍼백에 담아가면 쓰레기를 줄일 수 있어요. 지퍼백은 갈아입을 옷을 넣거나 비가 올 경우 휴대폰, 카메라 등을 담을 수 있으므로 활용성이 뛰어납니다.

배낭을 꾸릴 때는 여벌 옷과 침낭 등 비교적 무게가 가볍고 부피가 큰 짐들부터 아래쪽에 넣습니다. 다음에 취사도구, 식량, 물 순으로 비교적 무거운 짐들을 그 위에 얹습니다. 무거운 짐은 등판의 가까운 곳에 넣는 게 좋아요. 무거운 짐이 몸에서 멀어지면 무게를 더 느껴 중심을 잡기 힘들어집니다.

**백패커를 위한 백패킹 10계명**

월간 《사람과 산》에서는 등산을 즐기는 백패커들을 위하여, 열 가지 주의할 사항을 소개하고 있습니다. 자신뿐만 아니라 다른 사람과 자연을 보존하며 등산을 즐기는 방법을 함께 유념해보는 것은 어떨까요?

**장소를 선정하고 일정을 세워라:** 무턱대고 떠나는 여행의 묘미도 있지만 계획된 백패킹은 훨씬 안정적이고, 알찬 준비가 가능하다.

**대상일의 일기예보를 확인하라:** 출발 전 대상지의 일기예보를 반드시 확인하고 변화에 대처하는 습관을 들이도록 한다. 산과 계곡은 특이한 기상 현상을 보여주는 곳이어서 기상 일반에 대한 지식을 바탕으로 백패킹 현장의 기상을 예상해 꼼꼼히 준비물을 챙겨야 한다.

**장비의 중복을 피하라:** 1박 이상의 한뎃잠으로 인해 짐이 많아진다. 일행이 있다면 중복되는 장비를 줄이도록 한다.

**지도와 진해져라:** 지도는 낯선 산과 계곡에서 당신의 눈과 귀가 되고, 친절한 가이드가 되어줄 것이다.

**자연에 대해 공부하라:** 변화무쌍한 자연에 대한 이해는 당신의 백패킹을 한층 더 풍성하게 만들어준다. 그리고 길섶의 풀 한 포기, 꽃 한 송이와 나무 한 그루의 이름을 불러주면 걸음마다 즐거움 가득해진다.

**안전사고에 유의하라:** 백 번을 강조해도 부족함이 없는 당신의 안전, '돌다리도 두드려보고 건너'는 습관이 필요하다.

**보조 배터리를 확보하라:** 문명으로부터의 해방을 맘껏 즐기되 비상용 전원은 꼭 챙기도록 한다.

**자신의 체력에 맞게 운행하라:** 무리한 운행이 상황을 나쁘게 만든다.

**당신이 본 것을 그대로 두라:** 곤충이나 동물, 들풀 한 포기도 함부로 손대지 말고 눈으로만 탐하라. 모두가 즐거워진다.

**흔적을 남기지 마라:** 당신이 자연에 남기는 흔적은 작으면 작을수록 좋다. 모닥불을 피운다면 그 영향을 최소화하라.

# 암릉등반

**암릉등반이란?**

산에 다니다 보면 멀리 기암괴석으로 이어진 아름다운 능선길이 보입니다. 커다란 바위가 우뚝 솟아 있다가 다시 숲길로 이어지고 작은 암석들이 옹기종기 모여 있기도 합니다. 그런 능선길을 걸어 올라가다가 암벽이 나오면 등반을 해서 올라가고 다시 내려가기를 반복하면서 산의 정상을 올라가는 것을 '암릉등반'이라고 합니다. '리지'는 산줄기를 형성하는 능선을 지칭하는 용어로 바위로 형성된 날카로운 능선뿐만 아니라 완만한 경사를 형성한 산줄기 역시 리지입니다. 하지만 우리나라에서는 사전적 의미와 다르게 '암릉등반'보다 '리지등반'이라는 용어가 더 일반적으로 사용되고 있습니다.


**암릉등반을 제대로 즐기려면 기술을 익혀라**

장비를 착용하고 암벽등반 기술로 암벽을 기어오를 수 있을 때 암릉등

반도 가능합니다. 대개의 사람들이 암릉등반이 암벽등반보다 난이도가 쉽다고 생각해 제대로 된 교육도 받지 않고 장비도 제대로 착용하지 않고 암릉등반에 나섰다가 사고를 당하곤 합니다. 암릉등반 중 작은 암벽과 마주쳤을 때, 이 정도는 괜찮겠지 하고 올라갔다가 확보되지 않은 상태에서 추락하게 되는 경우인데요. 설악산 노적봉에 있는 '한 편의 시를 위한 길'과 같은 코스에 올라 빼어난 절경을 즐기고 싶다면 반드시 암벽등반 기술을 먼저, 그리고 철저히 익혀야 합니다. 그래야만 안전하게 자연의 선물을 누릴 수 있지요.

# 암벽등반

## 누군가의 소원, 인수봉 등반

북한산 정상 백운대에 올라서면 험난한 인수봉을 오르는 클라이머들이 보입니다. 등산학교 교육생 중에는 인수봉 정복이 소원이어서 암벽등반을 할 용기를 냈다고 하는 분들이 있습니다.

등산학교에 입학하면 5주간의 교육을 마치고 마지막 6주차에 졸업등반으로 인수봉에 도전합니다. 새벽 6시에 출발해서 힘겹게 인수봉 정상에 오르지요. 나이 지긋한 교육생 한 분이 백운대를 보면서 말합니다. "강사님, 제가 백운대에서 이쪽을 바라보면서 죽기 전에 꼭 한 번 인수봉에 올라보겠다 결심했다니까요."

골프를 하는 사람들은 그린에 처음 나가는 날 '머리 올렸다'는 표현을 씁니다. 암벽등반을 하는 사람들에게 인수봉 정복은 그런 의미입니다. 인수봉에 처음 올랐을 때의 감동은 어마어마합니다. 화강암벽을 200여 미터나 기어올랐다는 짜릿함, 언젠가 백운대에서 신기하게 바라보기만 했던 절벽을 직접 올랐다는 환희! 인수봉에 처음 오른 사람들이 인증샷을 찍을 때 반드시 백운대 정상이 보이게 하는 이유지요.

**자유등반 & 인공등반**

급경사의 바위 사면은 두 발만으로는 오르기 힘듭니다. 손과 발, 등반 장비를 모두 이용해 올라야 해요. 암벽등반에는 로프, 안전벨트, 암벽화, 헬멧, 카라비너, 캠 등의 전문장비가 필요합니다. 일반사람들은 장비를 사용해 암벽등반을 하는 것으로 알고 있는데, 반은 맞고 반은 틀린 사실입니다. 암벽등반은 장비 사용 여부에 따라 '자유등반'과 '인공등반'으로 나뉘기 때문입니다. 자유등반은 바위에 자연적으로 생긴 틈새를 손잡이나 발디딤으로 오릅니다. 이때 사용하는 로프와 중간확보물은 추락에 대비하는 용도일 뿐, 그것을 잡고 오르지는 않아요. 반면 인공등반은 손발로 오를 수 없는 암벽에 오르려고 너트, 하켄 등의 장비를 바위 틈새에 박아 넣고 등반을 위한 보조수단으로 사용합니다. 자유등반 루트에서 등반할 때 설치된 중간확보물을 잡고 올라가는 것도 인공등반이라 합니다. 신체만이 아니라 인공적인 수단을 쓴 거니까요.


**암벽등반, 위험하지 않나요?**

등반을 하지 않는 사람들이 바라볼 때 수직 벽에 아슬아슬하게 붙어 있는 클라이머들의 모습은 위험해 보입니다. 암벽등반은 왜 위험할까요? 암벽을 오르다 추락할 수 있기 때문인데요. 암벽등반에 사용하는 기술들은 올라가기 위한 기술도 있지만, 실상은 암벽에서 떨어지지 않으려고 대비하는 기술이 더 많습니다. 간혹 암벽등반에서 사고가 발생을 하는 이유는 이 기술들을 제대로 사용하지 않기 때문입니다. 올바른 기술을 사용하고 등반 수칙을 잘 지킨다면 다른 무엇보다 안전하게 즐길 수 있는 스포츠인데 말이에요. 그래서 암벽등반을 배울 때엔 제대로 된 교육기관에서 배우는 것이 아주 중요합니다.

## 바위에도 길이 있나요?

땅에는 사람들이 걸어다닐 수 있도록 인도가 있어요. 바위에도 사람들이 등반할 수 있는 길이 있습니다. 인도는 인위적으로 만든 길이지만, 바윗길은 누군가 처음 그곳에 오르면서 비로소 길이 됩니다. 아무도 오르지 않은 암벽에 길을 내는 것을 '개척등반'이라고 해요. 암벽에 새로운 길을 개척한 개인이나 단체가 길의 이름을 짓고, 등반 난이도를 정하고, 개념도를 그려 잡지 기고 등을 통해 여러 사람에게 알립니다.

개척에 필요한 장비들

볼트를 박는 박미숙 저자

볼트를 박기 위해 바위에 구멍을 뚫는 김성기 저자

**등반은 대상과 스케일에 따라 여러 형태로 구분된다**

**볼더링:** 확보 없이도 올라갈 수 있는 높지 않은 바위(6~7미터 정도)를 오르는 행위로 본래 암벽등반 기량 향상을 목적으로 시작되었지요. 지금은 하나의 스포츠 장르로 발전했습니다. 산 여기저기 흩어져 있는 작은 바위들을 찾아다니며 볼더링을 즐길 수 있는데요, 로프를 사용하는 등반이 아니기 때문에 암벽화, 초크, 볼더링 매트만 있으면 됩니다.

**멀티피치 클라이밍:** 등반할 수 있는 일정한 길이를 '피치'라고 합니다. 암벽등반에 사용하는 로프는 보통 60미터로 길이가 한정적이기 때문에 암벽에 피치를 나누어놓고 여러 번 등반하는 것을 멀티피치 등반이라고 합니다. 선등자가 리딩을 하며 확보물을 설치하고 오르면 후등자는 선등자의 확보를 받으면서 선등자가 설치한 확보물을 회수하며 오릅니다. 우리나라 북한산 인수봉, 도봉산 선인봉, 설악산 장군봉 등이 대표적인 멀티피치 클라이밍 대상지입니다.

**대암벽등반:** '거벽등반' 또는 '빅월등반'이라고도 합니다. 말 그대로 거대하고 깎아지른 암벽을 올라가는 것입니다. 하루에 등반을 마칠 수 없는 등반 루트의 길이나 등반 소요 시간 등을 기준으로 멀티피치등반과 구분됩니다. 이런 거벽에는 인공등반, 자유등반 기술이 모두 필요합니다. 보통 2박 3일 또는 1주일 이상 등반을 계속하기 때문에 짐을 끌어올리는 홀링기술이 필요하고 바위턱에서 비박을 합니다.

  아래 사진은 필자가 2009년에 등반했던 엘 캐피탄(2,308미터)입니다. 엘 캐피탄은 미국 캘리포니아 주 요세미티 국립공원의 아름다운 초원

볼더링

비박

암벽등반에서 자일 파트너

위에 우뚝 솟아 있는 화강암벽으로, 벽 높이가 1,086미터에 달합니다. 단일 암벽으로는 세계 최고 높이로 기네스북에 등재되어 있습니다. 정찰등반에 나섰던 저는 엘 캐피탄 벽 아래에서 경이로움을 느꼈습니다. 높이를 가늠할 수 없음은 물론이요 크기가 너무도 장대했기 때문입니다. 잠실에 있는 롯데월드 타워가 550여 미터인데, 그 두 배를 기어오른다고 생각해보세요. 정말 엄청나지요?

1957년 이 거대한 벽을 보고 산악인 워렌 하딩은 "내가 저 바위 절벽에 올라보겠어"라고 결심합니다. 그는 18개월 동안이나 고정로프를 설치하며 엘 캐피탄에 최초의 루트 '노즈'를 개척했습니다. 그가 정상에 올라선 건 12일 동안 벽에 매달린 채 등반을 계속한 결과였습니다. 요세미티는 이제 전 세계의 암벽등반의 메카가 되었으며 등반 루트만 해

엘 캐피탄

도 1,000여 개에 달합니다.

필자가 오른 '노즈' 코스는 총 34피치에 달하며 엘캡에서 가장 날카로운 사면입니다. 우리 일행은 꼬박 이틀 동안 등반한 끝에 정상에 올라섰습니다. 이 같은 거벽등반은 짐을 끌어올리는 홀링기술, 주마링기술 등을 익혀야 하고 등반팀의 팀워크가 무척 중요하므로 오랜 시간 훈련한 뒤 도전해야 합니다.

"우리가 암벽등반에서 얻는 즐거움은 어려운 일을 성취했다는 기쁨과 절벽 위에서 춤을 춘다는 느낌, 그리고 수직으로 상승한다는 느낌이다. 그 순간 인간은 자신이 마치 창공을 날고 있는 것처럼 느낀다."

-리오넬 테레이

**빙벽**

힘찬 물줄기가 세차게 떨어지는 폭포가 겨울이 되면 거대한 빙벽으로 변합니다. 폭포가 제대로 얼려면 영하 10도 이하의 날씨가 최소한 열흘 이상 계속되어야 합니다. 폭포는 표면적으로 언 듯 보이지만 속에는 물이 계속 흐르고 있으므로 겨울 빙벽등반 시즌 초기에는 주의해서 등반해야 한답니다.

빙벽은 산속의 폭포가 얼어붙어 형성되는 자연빙벽과 계곡이나 강변의 그늘진 바위 벼랑에 물을 끌어올린 다음 아래로 떨어뜨리면서 조성한 인공빙벽이 있습니다. 우리나라의 대표적인 자연빙폭으로는 설악산의 토왕성폭포, 대승폭포, 소승폭포, 실폭포, 갱기폭포 등이 있으며, 강촌 봉화산의 구곡폭포도 수도권에서 많이 찾는 곳입니다.

동양 최대의 빙폭인 토왕성빙폭은 상단 150미터, 중단 80미터, 하단 90미터, 총 길이 320미터에 달하는 3단 폭포로 클라이머들에게 꿈의 빙벽등반 대상지입니다. 토왕성빙폭은 누구나 오르기를 꿈꾸지만 아무나 오를 수 없는 곳이기도 합니다. 320미터나 되는 수직빙벽은 그 위엄이 대단하지요. 매서운 추위와 강풍을 견디며 장시간 등반하는 데 엄청난 체력이 필요합니다.

토왕성폭포는 설악산이 국립공원으로 지정된 이후 45년 동안 단 한 번도 정규 탐방로를 개방한 적이 없었는데, 2015년부터 비룡폭포 우측 400미터 상단에 전망대를 설치해 일반인들도 폭포의 비경을 볼 수 있게 되었습니다. 매년 겨울 이곳에서 빙벽대회가 열립니다. 자연빙폭에서 개최되는 국내 유일한 대회이지요.

한때는 전문산악인들의 영역이었던 빙벽등반이 겨울 익스트림 스포츠가 되면서 빙벽등반을 즐기는 사람들이 증가했지요. 덕분에 전국 곳곳에 인공으로 조성된 빙벽장도 많아졌습니다. 인제군 용대리의 매바위 빙장, 원주의 칠봉빙장과 판대의 아이스파크, 충북 영동의 송천빙장, 그리고 청송과 단양에도 인공빙벽이 있습니다. 인공빙벽의 장점은 자연빙폭에 비해 도로에 인접해 있어 접근성이 좋으며 100미터 수직벽을 얼렸기 때문에 편리하게 고난이도의 등반을 즐길 수 있다는 점입니다. 각 등산학교에서는 이러한 인공빙벽에서 교육을 진행합니다.


**빙벽등반은 겨울에만 즐길 수 있는 것이 아니다**

가만히 있어도 땀이 줄줄 흐르는 한여름에 영하 10도의 실내공간에서 두꺼운 우모복을 입고 스포츠를 즐긴다면 어떤 기분일까요? 영화 히말라야에서 황정민이 빙벽등반을 훈련했던 바로 그 장소를 살펴볼까요?

서울 우이동 북한산 국립공원 입구에 있는 코오롱등산학교 교육센터에는 지하 3층부터 지상 4층까지 20여 미터 높이의 실내인공빙벽장이 있습니다. 실내빙벽장으로는 세계에서 가장 큰 규모로 기네스북에 등재했지요. 겨울 빙벽 시즌을 대비해서 11월부터는 클라이머들이 주로 이용하지만 1년 내내 일반인들이 빙벽등반 체험을 위해 많이 찾습니다. 빙벽등반 장비 일체를 대여해서 사용할 수 있고 전문강사가 체험할 수 있도록 지도해주기 때문에 안전하게 빙벽등반을 즐길 수 있답니다.

## 빙벽등반의 매력

암벽등반의 경우 같은 루트를 반복해서 등반하면 암벽 코스에 맞는 등반 기술을 잘 익힐 수 있어요. 바위 형태가 변하지 않으니까요. 반면에 빙벽은 날씨에 따라 하루에도 몇 번씩 빙질이 변하고 비나 눈이 내리고 나면 얼음의 형태가 달라집니다. 같은 장소라도 얼음은 수도 없이 변신을 하기 때문에 매번 새로운 코스에 도전하는 짜릿한 맛이 나지요.

그렇지만 빙벽은 암벽과는 달리 고정 볼트가 없고 또한 확보물 거리가 멀어 추락 시 충격이 큽니다. 특히 우리나라의 빙벽은 물이 얼어서 형성된 수빙폭인데요. 단단한 청빙이어서 쉽게 깨지고 부서지는 특성이 있기 때문에 낙빙의 위험을 피할 수 없습니다. 실제 겨울철 빙벽등반장에서는 크고 작은 낙빙 사고가 자주 발생합니다. 따라서 올바른 기술 사용과 안전수칙을 잘 지켜서 등반하는 것이 무엇보다 중요합니다.

암벽은 자신의 손과 발을 사용하고 몸을 움직여서 등반합니다. 반면 빙벽등반은 손과 발을 대신하는 장비를 사용해서 올라갑니다. 손 대신 '아이스 툴(Ice tool)'이란 장비를 사용하고, 발에는 빙벽화에 '크램폰(Crampons)'을 착용하고 등반합니다.

아이스 툴은 빙벽등반용 손 도구인데요. 설상등반에서 사용하는 피켈보다 샤프트(손잡이)가 짧고 휘어져 있으며 역곡선형의 날카로운 피크가 있습니다.

크램폰은 단단하고 경사가 심한 눈이나 얼음으로 된 수직벽을 오르는 데 사용합니다. 오르기 편하게 앞부분에 발톱 2개가 달려 있어요. 크램폰의 앞 발톱이 수평형인 것은 눈에서 주로 사용하고, 수직형은 빙벽에서 주로 사용합니다.

아이스 툴이든 크램폰이든 등반의 목적이나 대상에 따라 자신에게 맞는 장비를 선택하여 효율적으로 사용하는 기술이 중요합니다.

# 고산등반

**'고산'이라고 부르는 산의 높이는?**

일반적으로 고산이라고 하면 히말라야 8,000미터급 고봉이 떠오르지요. 히말라야 산맥과 더불어 안데스, 파미르, 천산 산맥, 알래스카 등이 고산지대입니다.

대체 몇 미터의 산부터 고산이라고 부를까요? 실상 이 질문에 딱 맞는 대답을 하기가 어려워요. 산의 고도만을 가지고 고산으로 분류할 것이 아니라 3,000~4,000미터 정도의 산이라도 기상이나 지리적 조건에 따라 고산등반으로 인정하자는 견해도 있으니까요. 저산소 트레이닝을 활용한 운동 능력 향상 전문가인 일본의 야마모토 마사요시는 "고산병이 대략 3,000미터 이상의 고도에서 빈번하게 발생하기 때문에 이 높이의 산을 고산이라고 할 필요가 있다"라고 주장합니다.

**고산의 환경**

눈과 얼음, 바위로 이루어진 고산의 환경에서는 고도가 상승할수록 기압이 낮아지고 저산소, 저습도, 강한 일사량 등의 변화가 일어납니다. 이 모든 환경이 정상적인 신체활동을 어렵게 하지요. 특히 저산소가 가장 큰 영향을 미칩니다. 체내에 산소가 부족해지면 몸의 활동 능력이 전반적으로 떨어집니다. 두통, 어지러움, 메스꺼움, 운동 시 호흡곤란 등의 고산병 증상이 나타나요. 고산에 올라갈 때는 저산소 환경에 잘 적응해야 한다고 강조하는 배경입니다.

고소환경에 적응하는 방법은 '첫째도 천천히, 둘째도 천천히, 셋째도 천천히'입니다. 걷는 것만 아니라 모든 행동을 느리게 해야 합니다. 풍경에 심취해 촬영하느라 다른 사람보다 먼저 사진을 찍으려고 빨리 걷다가 셔터를 누르기 위해 숨을 참는 순간 바로 호흡이 가빠지고 머리가 띵해집니다. 필자가 아프리카 킬리만자로(5,895미터)에 갈 때 대원들 중에 60대 중후반, 70대도 있었는데요. 저는 그분들이 고소에 잘 적응할까 내심 염려했습니다. 하지만 우려와 달리 그분들은 모두 정상 등정에 성공했고, 오히려 몇몇 젊은 대원들이 등정을 포기했지요. 고소적응에 실패한 거예요. 어르신들은 매사에 천천히가 생활화되어 있는 분들이었어요. 비단 걷고 움직이는 것뿐만이 아니라 삶 자체가 조급하지 않고 느긋하셨습니다. 체력적으로 힘든 지점에서도 서두르지 않고 느리게 걷는 것으로 이를 극복했고요. 이처럼 고소환경에서는 체력보다 '천천히'가 중요합니다.

산소가 풍부한 평지에서와 같은 속도로 고산을 오르면 우리 몸은 산소 부족에 빠집니다. 따라서 산소량에 맞추어 보행 속도를 낮추어야 하는데, 산소량이 평지의 2/3에 해당하는 3,500미터 고도에서는 걷는 속도를 2/3로 줄여야 해요. 5,000미터에서는 산소량이 1/2로 줄어드니 걷는 속도를 1/2이 되도록 해야겠지요. 필자는 고소에서 걸을 때 '간결보행'을 합니다. 등산 중에 힘들 때 누구나 무의식적으로 선택하는 방법인데요. 간결보행은 조금 걷다가 쉬기를 반복하는 것으로 쉴 때는 천천히 길게 내뱉는 복식호흡을 세 번 정도 하면 심장이 편안해지는 것을 느낍니다. 이렇게 숨을 길게 내쉬면 심신을 이완시키는 효과를 볼 수 있어요. 산소가 부족하면 무의식중에 전신의 근육이 긴장됩니다, 근육이 긴장하면 산소 소비량이 증가하기 때문에 더욱 산소가 부족해지고요.

## 물만 많이 마셔도 고소에 잘 적응할 수 있다

고소에서 호흡량이 증가하면 차갑고 건조한 공기를 흡입하기 때문에 평상시보다 수분 손실이 많아집니다. 고소에서 식욕이 떨어지는 것처럼 수분 섭취 욕구도 떨어지기 때문에 의식적으로 수분을 섭취하지 않으면 수분 부족이 올 수 있습니다. 식사 시 섭취하는 수분을 포함하여 최대 4리터의 물을 마시는 것이 좋습니다.

이런저런 노력에도 고소적응에 실패했다면? 그때는 즉시 하산해야 합니다. 고도를 낮추어 하루나 이틀을 묵으면 대개의 경우 증상이 사라집니다. 그때 다시 올라가면 편안하게 고소환경에 적응됩니다.

## 고산을 오르기 전 준비해야 하는 것들

고산등반 계획이 잡히면 우선 대원들 각자 체력 훈련에 집중합니다. 히말라야 14좌를 모두 오른 산악인 김재수는 고소적응 훈련으로 달리기를 했다고 합니다. 그냥 저강도 달리기가 아니라 최대 속력으로 달렸다가 천천히 달리기를 반복했다고 합니다. 산에서도 같은 방법으로 훈련을 한답니다. 목표 지점을 정해놓고 그곳까지 가장 빠른 속도로 올라가기를 반복하면서 시간을 단축하는 등의 훈련으로 고소를 극복했죠.

고산 수목 한계선을 지나면 바위 너덜지대를 만나게 되고 그 위로 만년설이 쌓인 구간이 시작됩니다. 만년설 구간부터는 '설상등반'기술을 사용해서 올라가야 합니다. 그래서 설상등반기술을 익혀야 합니다. 히말라야 고산등반은 포터와 셰르파를 고용하여 짐을 나르거나 캠프를

RIF. A. LOCATELLI ALLE TRE CIME
DREIZINNENHÜTTE

구축하는 등의 도움을 받을 수 있지만 그 밖의 지역에서는 등반자가 직접 배낭를 메고 캠프를 구축하며 올라야 합니다. 때문에 고산에서 캠프를 구축하는 방법, 취사하는 방법 등 사전 교육을 철저히 받아야 합니다.

# #3장
# 등산에도 조상이 있다?

## 사람들은 언제부터 등산을 했을까?

**산을 오르는 모든 행위가 '등산'은 아니다**

인간의 손길이 닿지 않았던 산에 동물들의 이동 경로에 따라 길이 만들어지자 사람들은 그 흔적을 따라 사냥과 채집에 나섰는데요. 그 과정에서 길이 뚜렷해졌습니다. 이처럼 인간이 산을 오르기 시작한 최초의 이유는 수렵이나 채집, 광물 채취 등입니다. 하지만 이런 목적을 가지고 산에 오르는 것을 등산이라고 하지는 않습니다.

설악산에 '봉정암'이라는 사찰이 있어요. 우리나라에서 가장 높은 곳에 위치하고 있는 사찰로 해발 1,224미터에 있답니다. 사찰을 찾는 사람들은 백담사에서 여섯 시간이나 산을 올라야 하는데요. 이 사람들은 등산을 하는 걸까요? 이들은 산을 오르는 순수한 행위 자체에 목적을 둔 게 아니기 때문에 등산했다고 말하지 않습니다. 결국 등산이냐 아니냐를 구분하는 것은 산을 오르려는 목적의 문제입니다.

그렇다면 순수한 목적으로 산을 오르는 '등산'은 언제부터 시작되었을까요?

**"누구든지 이 산을 오르는 사람에게 상금을 주겠다."**

스위스 제네바 태생의 오라스 베네딕트 드 소쉬르는 제네바의 귀족 출신입니다. 어린 시절부터 모험심이 강하던 그는 열여덟 살에 이미 제네바 근교의 산들을 두루 섭렵했습니다. 광물학자이자 자연과학자가 된 소쉬르는 자연탐사를 목적으로 프랑스 산악마을 샤모니를 방문합니다. 샤모니 계곡 여기저기를 다니던 소쉬르는 프레방(2,526미터)에 올라 샤모니 위로 우뚝 솟은 새하얀 산, 몽블랑(4,807미터)을 바라보며 그 근엄함에 압도되었습니다. 넋을 잃고 바라볼 수밖에 없는 풍경이었죠. 그는 몽블랑에 오르고자 여러 차례 시도했으나 매번 실패했어요. 누구든 몽블랑에 오르는 사람에게 20탈로(당시의 통화)의 상금을 주겠노라고 제안합니다. 이때가 1760년이었지요. 샤모니는 알프스 산록의 가난한 마을로 원주민들은 수정을 캐거나 산양을 잡아서 생활했습니다. 따라서 이들은 산을 넘거나 빙하*를 건너는 기술이 있었음에도 아무도 몽블랑에 오르려 하지 않았습니다. 왜냐하면 산 정상은 신의 영역이며 악마가 살고 있다고 생각했거든요. 더군다나 1년 내내 흰 눈으로 뒤덮인 몽블랑은 엄청난 소리와 함께 눈사태가 자주 일어났고, 그때마다 마을이 눈속에 파묻히곤 했으므로 원주민들은 산을 두려워할 수밖에 없었지요.


**신의 영역에서 인간의 도전의 장으로**

소쉬르가 상금을 내건 지 26년이 지난 후에야 몽블랑을 오르겠다고 하

---

* 빙하: 눈이 오랫동안 쌓여 단단하게 굳어진 후 중력에 이해 낮은 곳으로 이동하는 두꺼운 얼음층

는 사람들이 나타났습니다. 미셸 가브리엘 파카르는 샤모니 마을의 젊은 의사였지요. 그는 소쉬르가 몽블랑 등정을 시도할 때 함께한 사람입니다. 파카르와 함께 사슴 사냥꾼 쟈크 발마도 등정을 시도했고요. 만년설에 뒤덮여 곳곳에 크레바스가 있는 산을 오르려면 엄청난 모험심과 자신감이 필요합니다. 더군다나 등반장비조차 없던 시대에 자신의 힘만으로 4,000미터가 넘는 고산을 올라야 했으니까요.

1786년 8월 7일 오후 5시, 두 사람은 알프스 등산 역사상 영웅적인 순간으로 기록될 등반을 시작했습니다. 비박*지에서 눈 위에 앉아 얼음장처럼 차가운 공기에 대적하며 밤을 지낸 두 사람은 거센 바람을 헤치고 고소증**과 설맹***에 맞서가며 1786년 8월 8일, 마침내 알프스의 최고봉 몽블랑(4,807미터) 정상에 서게 됩니다. 파카르와 발마의 용기와 도전 의식이 일궈낸 놀라운 위업이었습니다. 발마는 정상에 올라갔던 장면을 회상하며 말했어요. "허파가 사라지고 가슴이 텅 빈 것 같았습니다. 고개를 숙인 채 묵묵히 위를 향해 걸었고 그러다 지금껏 가본 적 없는 어느 봉우리 위에 서 있다는 느낌에 고개를 들어보니, 마침내 제가 정상에 도착했다는 사실을 깨달았습니다. 저는 몽블랑의 지배자였습니다. 그 진귀한 받침돌 위에 세워진 조각상이었어요."

산을 내려온 두 사람은 그들을 지켜보고 있던 사람들에게 이야기합니다. "저 위엔 눈과 얼음과 바위뿐이오. 아무것도 없소. 엄청나게 추워서

---

* 비박(bivouac): 등반할 때 텐트를 치지 않고 만든 일시적인 야영지로 주로 예상치 못한 사태가 일어났을 때 한데서 밤을 지새우는 것을 말한다.

** 고소증: 높은 산에서 기압, 산소, 기온 등의 저하로 일어나는 생리적 증상으로 두통, 호흡곤란, 무력, 환각 증상 등을 겪는다. 고소증이 심해지면 폐에 물이 차는 폐부종, 뇌에 물이 차는 뇌부종 등으로 사망에 이를 수도 있다.

*** 설맹: 눈이 많이 쌓인 곳에서 눈에 반사된 햇빛의 자외선이 눈을 자극하여 일어나는 염증을 말한다.

동상에 걸렸소. 하지만 경치는 정말 멋졌소." 그동안 산 정상에 악마가 살고 있다고 믿고 있었던 마을 사람들의 질문에 대한 대답이었습니다.

몽블랑 등정에 성공한 발마는 제네바로 달려가서 소쉬르에게 상금을 요청했습니다. 하지만 파카르는 상금이 필요하지 않다고 했지요. 과학에 관심이 많은 의사였던 파카르는 식물과 광물을 좋아했고, 특히 식물 채집을 떠날 때마다 몽블랑 정상에 오를 만한 경로를 직접 탐색할 정도로 스스로 몽블랑에 오르는 날을 꿈꿔왔다고 합니다. 파카르는 상금을 목적으로 몽블랑을 올랐다고 보기 어렵지요. 후에 이들의 등반을 두고 상금을 목적으로 올랐기에 최초 등반으로 인정할 수 없다는 말들이 많았어요. 그럼에도 불구하고 파카르와 발마의 몽블랑 등정은 다른 사람들도 산에 도전할 수 있는 길을 터주었다는 점에서 의미가 큽니다. 신들의 영역이라고 믿었던 산의 정상을 인간 도전의 활동무대로 전환한 가슴 벅찬 일이었습니다.


**산악인의 성지 '샤모니 몽블랑'**

소쉬르는 몽블랑이 초등된 다음해인 1787년, 등반대를 꾸려 몽블랑 재등에 성공했습니다. 이때 기압계를 이용하여 고도를 측정했답니다. 미지의 산에 대해 등정의 꿈을 품고, 신들의 영역이 아닌 인간이 오를 수 있는 산으로 만드는 데 기여한 그는 '근대 등산의 아버지'로 불립니다. 샤모니의 소쉬르 광장에는 소쉬르와 자크 발마의 동상이 있습니다. 이들의 동상 뒤에는 '지구촌 산악인에게 감명과 용기를 준 위대한 사람'이라는 문구가 새겨져 있어요. 자크 발마가 가리키는 방향을 따라 시선

을 돌리면 초원 위로 우뚝 솟은 흰 산, 몽블랑이 보입니다.

　수정을 채취하는 사람 몇 명과 소수의 사슴 사냥꾼들을 제외하고는 누구도 관심을 갖지 않았던 샤모니는 오늘날 전 세계에서 온 관광객들로 넘쳐나는 유럽의 등산 수도가 되었어요. 샤모니 주변에는 그랑드 조라스, 에귀우뒤미디 몽모디 등의 고봉을 중심으로 장장 25킬로미터에 이르는 산맥을 이룹니다. 이곳에는 세계에서 가장 높은 전망대 에귀디미디(3,842미터)가 있는데요. 이 전망대에 오르면 몽블랑 정상 주변의 설경과 알프스 초원 위로 흰 눈에 덮인 고봉들이 파노라마처럼 펼쳐집니다. 제1회 동계올림픽이 개최된 샤모니는 온갖 산악 활동을 망라하며 사계절 내내 수많은 사람들이 모이는 곳입니다.

# 능선에서 벽으로

**알프스 등정의 전설적인 '황금시대'**

1786년 몽블랑 등정 이후 30년 동안 알프스*의 등반은 지질학자들과 과학자들에 의해 주로 이루어졌습니다. 그들은 조산운동과 빙하의 신비로운 움직임에 관심을 가진 과학적 필요에 따라 등반했는데요.

1854년 대규모 영국 원정대가 알프스로 향했습니다. 알프레드 윌스는 베터호른(3,701미터)을 초등했지요. 역사가들이 말하는 '알프스등정 황금시대'가 시작된 것입니다. 그 후 10년간 140개의 봉우리가 주로 영국의 등산가들에 의해 등정되었습니다. 이는 산업혁명을 바탕으로 한 영국의 경제력과 국력의 반영이기도 합니다. 당시 등산을 했던 사람들은 주로 물질적으로 풍요롭고 사회적 지위가 있는 귀족이나 학자들이었습니다. 등산은 자아실현의 욕구를 지닌 사람들에게 어울리는, 즉 진취

---

* 알프스 산맥은 약 7천만 년 전 아프리카판과 유라시아판이 충돌하여 융기된 지형으로 프랑스, 이탈리아, 스위스, 독일, 오스트리아, 슬로베니아 등의 나라에 걸쳐 있다. 산맥들 사이에는 4,000미터가 넘는 고봉이 60여 개에 달하며 그 길이가 1,200킬로미터나 된다.

적인 태도에 부합하는 스포츠였기 때문입니다. 이 무렵 최초의 산악회 '알파인 클럽'이 창립되었으며, 산악탐사 정기간행물인 《알파인 저널》 창간호도 간행되었습니다.

스위스 체르마트에는 빙하물이 고여 눈이 부시도록 푸른 호수와 초원 위로 완벽한 조형미를 자랑하는 삼각뿔 모양의 마터호른(4,478미터)이 있습니다. 주변의 산과 연결되지 않고 독립봉으로 우뚝 솟아 있어 올려다보는 것만으로도 두려움에 떨게 합니다. 이런 위협적인 모습을 하고 있는 마터호른은 결코 인간이 오를 수 없을 거라 생각했지요. 이 미지의 산에 운명처럼 도전한 등산가가 있습니다. 1865년 7월 14일, 에드워드 윔퍼는 5년 동안 여덟 번의 도전 끝에 기어코 마터호른 등정에 성공했습니다. 이것으로 알프스의 모든 산에 인간의 발길이 닿았고, 알프스 등산의 황금기가 막을 내립니다.


**직업으로서의 산악가이드 등장**

알프스 등반의 황금기에는 가이드의 맹활약이 두드러졌어요. 가이드는 산의 지형을 꿰고 있고, 얼음을 깎아 발판을 만들거나 크레바스를 건너는 등 빼어난 기술을 가진 산악인들이었습니다. 누구든 가이드를 고용해서 등산할 수 있었으니 직업 가이드의 활약은 등산의 대중화에 커다란 역할을 했답니다. 당시 산악가이드는 마을 사람들의 부러움의 대상이 되기도 했습니다.

1823년 샤모니 지방에 외국인 등산객을 안내하는 일을 맡은 샤모이 가이드 조합이 설립되었습니다. 이때부터 시작된 산악가이드는 현재까

지 존재하며 프랑스 샤모니에는 산악가이드를 양성하는 국립스키등산학교(ENSA; Ecole Nationale de Ski et d'Alpinisime)가 있습니다. 이 학교는 1942년 사보이 지방의 등산가들이 주축이 되어 설립된 민간교육기관이었으나 1946년부터 프랑스 정부의 체육·청소년부의 산하기관으로 편입되어 국립으로 운영되고 있습니다. 세계적인 등산학교인 ENSA는 직업적인 산악가이드 및 강사가 되기 위해 자격증을 필요로 하는 전문가들을 대상으로 그들의 능력을 검정하고 자격증을 수여하는 일종의 직업학교입니다. 자격과정은 견습가이드, 고산가이드, 보통산악안내원, 암벽등반지도자 등으로 구분되어 있습니다.

## 길이 아니면 가지 말라고?

알프스의 모든 봉우리들이 정복되자, 남들이 개척한 길을 가지 않고 굳이 어려운 루트로 정상을 다시 정복하겠다고 나선 등산가가 있었습니다.

> "알프스의 모든 봉우리들을 다 올랐다고? 그건 당신들 얘기일 뿐이야. 나는 당신들과는 다른 길로 모든 봉우리들을 다시 오를 거야. 당신들은 그저 어떻게든 정상에 오르기만 하면 그것으로 모든 것이 끝났다고 생각하지? 나는 당신들과는 다른 방식 '보다 어렵고 다양한 루트(more difficult variation route)'로 오를 거야."

그는 등산의 가장 중요한 본질은 정상에 오르는 데 있는 것이 아니라 고난과 싸우고 그것을 극복하는 데 있다고 생각했습니다. 그래서 다른 사람들이 올랐던 길을 거부하고 길이 없는 곳에 자신만의 길을 만들어 정상에 오르기를 실천했지요.

여러분, 등산하는 목적이 정상을 올라가기 위한 것이라면 일부러 어려운 루트로 위험을 감수하면서 올라가려고 하는 사람이 있을까요? 알프스의 산들을 처음 개척할 때는 오로지 정상에 올라가기 위한 목적으로 가장 안전한 루트를 찾았습니다. 그래서 주로 능선에 길을 내며 루트를 확보했지요. 어떤 높이의 산이든 대개 능선을 따라 오르는 것이 가장 쉽고도 덜 위험하거든요. 그런데 모두가 정상을 목표한 등반에 집착할 때 앨버트 프레드릭 머메리는 험난한 길을 뚫고 오르는 것이야말로 진정한 등산이라고 주장했던 것입니다.

'남들이 닦아 놓은 길을 따라 오르는 것이 무슨 등반인가? 보다 어렵고 새로운 길을 만들어 오르는 것만이 알피니즘[*]의 최고 가치이다'라는 머메리의 사고방식을 '머메리즘' 혹은 '등로주의'라고 합니다. 보다 어렵고 다양한 루트로 오를 것을 주창한 이 새로운 등산 정신은 오늘날까지 등산가의 행동규범이 되고 있습니다.

---

[*]　알피니즘(Alpinism): '눈과 얼음으로 덮인 알프스와 같은 고산에서 행하는 등반'이란 뜻의 알피니즘의 본질은 보다 어렵고 다양한 루트를 찾아 곤란한 등반을 추구하는 행위이다. 알피니즘을 실천하기 위해 높고 험난한 산을 대상으로 모험적인 도전을 하는 등산가를 '알피니스트(Alpinist)'라고 한다.

# 더 높은 곳을 향한 의지

**전 세계 고산군을 향한 도전의 열풍**

인간의 자아는 항상 새로운 목적을 설정하고 구현하고자 하지요. 인간은 일생동안 자아실현을 하기 위해 살아갑니다. 자아실현의 욕구는 충족될수록 더욱 강해져요. '알프스 3대 북벽'[*]을 등반해낸 등산가의 더욱 강해진 자아실현 욕구는 전 세계의 고봉을 향해 뻗어나갔습니다. 등산가들은 남아메리카의 안데스 산맥, 북아메리카의 로키 산맥, 코카서스 산맥, 아프리카의 봉우리들, 그리고 결국에는 히말라야 산맥으로 관심을 돌렸지요.

**눈의 거처, 히말라야**

약 4천 5백만 년 전, 인도와 유라시아 두 대륙이 충돌했습니다. 이 충돌

---

[*] 알프스 3대 북벽: 아이거 북벽, 마터호른 북벽, 그랑드 조라스 북벽모든 봉우리의 북벽은 해가 들지 않고 수벽에 눈과 얼음이 뒤덮인 곳으로 낙석과 눈사태의 위험마저 도사리고 있어 가장 어려운 등반이다.

로 두 대륙의 사이에 있던 바다가 사라지고 유라시아 쪽 암석보다 상대적으로 가벼운 인도와 티베트 쪽 퇴적암이 위로 밀려 솟구쳤습니다. 지구상에서 가장 높은 산맥, 히말라야는 이렇게 탄생했지요. 지금도 히말라야 산맥이 1년에 1센티미터 정도씩 높아지고 있습니다.

히말라야는 서쪽의 낭가파르바트에서부터 동쪽의 남차바르와까지 그 길이가 2,400킬로미터에 달합니다. 이 산맥에 8,000미터가 넘는 고봉이 14개가 있으며 이를 '히말라야 14좌'라고 부릅니다.

## 8,000은 4,000 + 4,000이 아니다

4,000에다가 4,000을 더하면 당연히 숫자상으로는 8,000이 되겠지요. 하

지만 8,000은 4,000 더하기 4,000이 아닙니다. 무슨 말이냐고요? 8,000미터짜리 거봉을 오른다고 사천 미터를 오르는 것보다 두 배 힘든 게 아니라는 뜻입니다.

등산가 머메리는 팔천 미터짜리 고봉에 도전한 최초의 등산가입니다. 그는 알프스에서의 등반처럼 두세 명의 자일파티만으로 히말라야 고산을 오를 수 있다고 생각했습니다.

1895년 여름, 두 명의 대원이 낭가파르바트(8,126미터)를 등반하기 시작합니다. 물론 그중 한 사람은 머메리였습니다. 세계 9위의 고봉을 정복하기에는 너무 적은 인원이었습니다. 머메리는 단지 어려운 코스를 오른다고 생각했기 때문에 인원이 적은 것에 대해서는 걱정하지 않았습니다. 하지만 낭가파르트의 환경은 알프스 산들과는 다릅니다. 시속 100킬로미터가 넘는 강풍이 불어 닥치고, 영하 40도가 넘는 혹한, 수시로 덮쳐오는 눈사태, 평지의 반밖에 안 되는 산소의 양이 그들을 괴롭혔습니다. 1895년 8월 24일 머메리는 낭가파르바트에서 실종되어 히말라야 최초의 희생자가 되고 맙니다.

어떤 산이든 그 산을 처음 오른 사람에게는 알 수 없는 어려움이 닥치지요. 히말라야는 알프스와 판이한 환경을 가졌습니다. 알프스에서는 등반하다가 실패하면 내려와서 숙소에서 하룻밤 휴식을 취하고 체력을 보강할 수 있지만, 8,000미터에서는 한 달 이상을 불모지에서 보내야 합니다.


**지구상의 가장 높은 곳, 에베레스트(8,848미터)**

"음, 그 자식을 해치웠어."

에베레스트 초등자 텐징과 힐러리

"꼭 해낼 거라고 생각했지."

에드먼드 힐러리는 사우스 콜의 8캠프에서 그를 기다리던 오랜 등반 파트너 조지 로우를 보자 "음, 그 자식을 해치웠어"라고 말합니다. 힐러리가 해치운 것은 지구상에 존재하는 가장 높은 봉우리 에베레스트였습니다.

1953년 5월 29일 오전 11시 30분 지구상의 최고점인 가파른 삼각뿔 모양 위에 두 사람이 올라섰습니다. 힐러리와 셰르파 텐징 노르가이였습니다. 날씨는 청명했으며 하늘은 새파랗고 눈이 덮인 곳은 희고 수정처럼 맑은 날이었습니다.

희망이라고 하는 것은 우리가 스스로 만들어나가는 겁니다. 세계 최고점에 도달하겠다는 영국 원정대의 희망은 30여 년간의 노력에 의해

실현되었지요. 그들은 에베레스트 정상을 밟기 위해 각종 전략을 검토했습니다.

> "에베레스트 등정은 1921년 정찰등반을 시작으로 30여 년에 걸쳐 이루어진 긴 여정이었다. 영국 등산가들과 셰르파들, 포터들로 이루어진 열한 번의 원정이 우리가 성공하기 전에 있었다. 많은 사람들이 성스러운 정상에 도전해서 실패했지만 그들의 도전 결과는 우리에게 그들이 도달했던 바로 그곳에서부터 우리가 다시 시작할 수 있다는 용기를 주었다. 그리고 앞서간 사람들의 정신과 희망을 모두 가슴에 품고 갔던 것이고, 그들의 노력 덕분에 성공할 기회를 얻을 수 있었던 것이다."
>
> ―조지 로우(1953, 에베레스트 원정대원 『에베레스트 정복』 발췌)

영국에 에베레스트 첫 정복의 영광을 안겨준 뉴질랜드인 힐러리는 대영제국의 기사 작위를 받아 귀족 반열에 올랐습니다. 에베레스트가 가져다준 유명세에도 불구하고 힐러리는 등반을 위험한 일이라 누누이 강조했습니다. 하지만 "동료들과 위험을 함께 겪으면서 그것을 이겨내는 것이야말로 모든 위업 중에서 제일 중요한 것"이라 말하기도 했지요. 오랜 친구 조지 로우에 대한 깊은 속마음을 표현한 것이었어요.

에베레스트 등정 후에 힐러리는 네팔 셰르파의 난민들에게 관심을 가지고 '히말라얀 트러스트'를 창립하여 모금 활동을 벌였습니다. 1961년 히말라야 산골에 학교, 병원, 비행장 등을 건설하는 등 평생을 셰르파족과 네팔 오지 주민들 돕기에 바쳤습니다. 1982년 뉴질랜드 5달러 지폐에 힐러리의 얼굴이 수록되었지요. 지폐에 생존 인물이 수록된 것은 힐러리가 처음이었습니다. 뉴질랜드인들은 그를 뉴질랜드에서 가장 신뢰하는 인물로 꼽습니다.

1993년 '에베레스트 초등 40주년' 기념 등반대회에 참가한 그의 아들 피터 힐러리가 정상에 올라 '부자(父子) 에베레스트 등정' 신기록을 세우기도 했는데요. 1975년에 출간한 그의 자서전에는 "Nothing Venture, Nothing Win"이라는 말과 "모험은 평범한 능력을 지닌 평범한 사람이 할 수 있는 것이다. 바로 내가 그렇다. 꿈을 가지는 것이 무엇보다 중요하다"라고 하는 진솔한 조언이 담겨 있습니다.


**등반 사조의 흐름을 한눈에!**

**등정주의(登頂主意):** '피크 헌팅(Peak Hunting)'의 시대에 탄생한 단어로 오직 정상 등정만 목표로 삼는 것을 말한다. 가장 쉬운 길만 찾아서 등산하려고 한, 알프스 산을 초등했던 시기의 등반방식이다. 이후 머메리가 제창한 등로주의로 변화했다가 20세기 초 히말라야 고봉 초등정 당시 등정주의가 부활한다. 히말라야에서도 미답봉이 사라지자 등로주의가 다시 대두했다.


**등로주의(登路主義):** 등산의 목적을 정상을 정복하는 게 아닌 정상에 이르는 과정에 두는 등반사조다. 19세기 말 영국의 알버트 프레드릭 머메리가 창시했다. '보다 더 어렵고 다양한 루트(more difficult variation)'를 개척하자는 정신으로 시작되었다. 등로주의는 알프스 산에 암벽으로 오를 수 있는 길을 개척할 수 있도록 영향을 끼쳤다. 등로주의는 보다 극한의 모험을 추구하고 창의성을 요구하는 새로운 방식으로 발전해 무산소등반, 단독등반, 동계등반, 연속등반, 알파인스타일등반 등으로 이어진다. 등로주의에서 '등로'는 단순히 오르는 루트를 의미할 뿐만 아니라 '방법'의 의미도 포함한다.

**가이드 리스(guideless climbing):** 가이드의 기술적인 도움 없이 오르는 등반에 더 큰 가치를 두는 등산방식이다. 안내인의 도움 없이 어려운 등반을 추구하려는 과정에서 탄생한 등반사조다.

**단독등반(solo climbing):** 말 그대로 동반자 없이 혼자 하는 등반이다. 자유등반에서 로프를 사용하지 않는 단독등반을 프리솔로(free slol)라고 한다. 로프를 사용하지 않고 등반하다가 추락하면 사망할 가능성이 높아지므로 단독등반인 경우, 일반적인 루트로 갈지라도 그 어려움을 인정해 뛰어난 등반으로 평가한다.

**클린 클라이밍(clean climbing):** 볼트와 피톤 등 인공등반 장비가 발달하면서 등반이 불가능했던 곳에 루트가 개척되었다. 그러나 과도한 피톤 사용은 암벽에 상처를 남긴다. 피톤은 암벽의 작은 틈에 끼워 넣어 해머(망치)로 가격해야 설치할 수 있기 때문이다. 이러한 현상이 심각해지자 1960년대 미국 등지에서 환경 윤리를 해친다는 이유로 클린 클라이밍 운동을 벌였다.

─이용대의 『등산상식사전』 발췌

# #4장
# 등산을 통한
# 자아실현

"결국은 추구하는 행위가 그로 말미암아 얻는 결과보다 더 위대하며,

노력이 상보다 더 좋으며, 게임이 격렬하지 않다면 승리는 값싸고 공허한 것이라는

위대한 진리를 깨닫게 될 것이다."

- 벤저민 카르도조

# 하이 어드벤처(High Adventure)

**더 이상 오를 곳이 없어진 등산 무대의 변화**

1950년 안나푸르나가 프랑스 원정대에 의해 초등되고 3년 후인 1953년에는 영국 원정대가 세계 최고봉 에베레스트를 초등했습니다. 그 이후 14년 동안 히말라야 14좌에 사람이 올라섭니다. 히말라야 등반의 황금시대였지요. 프랑스, 영국, 오스트리아, 스위스, 이탈리아, 독일, 미국, 일본, 중국 등에서 보낸 국가적인 대규모 원정대가 이루어낸 업적입니다. 국가적인 대규모 원정대는 등산을 국가의 위상을 높이려는 수단으로 사용하려는 내셔널리즘의 반영이었는데요. 이로 인해 군사작전을 방불케 하는 수많은 인력을 동원하고 고정로프를 설치하고 산소용구를 사용했지요.

8,000미터의 미답봉이 사라지자 '미지의 세계에 대한 도전'이라는 고전적 의미의 등산에 변화가 오기 시작합니다. 모험과 탐험의 본질을 추구하는 것으로 등반의 흐름이 바뀐 것이죠. 알프스 등반에서 추구했던 '등로주의'를 실현하려는 소수 정예의 알파인 스타일 등반이 히말라야

에서 실현되었습니다. 가장 극단적인 점은 포터*도 셰르파도 자일파티**
도 없는 단독등반이라는 것이었습니다.

1980년, 라인홀드 매스너는 몬순*** 시기에 에베레스트 단독등반을 시
도했는데요. 그때 그는 산 전체를 통틀어 유일하게 혼자만 그곳에 있었
습니다. 크리스 보닝턴은 이 등반을 "역사상 가장 중요한 등반이며, 또
한 진정한 단독등반으로 유일한 업적"이라고 찬사를 보냈습니다. 크리
스 보닝턴 역시 8,000미터 자이언트 봉에서 등로주의를 몸소 실천한 등
산가입니다. 보닝턴이 이끈 영국 원정대가 안나푸르나 남벽을 통해 정
상에 도달하여 8,000미터에서 최초로 등로주의를 실현한 것으로 기록
되고 있습니다.


## 라인홀드 매스너

이탈리아 출신인 매스너는 자신을 '돌로미티 사람'이라고 표현합니다.
돌로미티는 암벽등반의 천국입니다. 이곳에서 암벽등반을 배운 그는 알
프스를 500회나 등반하며 40개의 새로운 루트를 개척해 정상에 올랐습
니다. 그의 눈길은 늘 히말라야로 향했으며 '낭가파르바트'는 그에게 운
명의 산이 되었습니다. 매스너는 동생 귄터와 루팔벽을 올라 낭가파르
바트 정상 등정에 성공했습니다. 그러나 하산 도중 귄터는 눈사태를 만
나 실종되어 시신조차 찾을 수 없게 됩니다. 그때 매스너는 동상으로

---

*    포터(porter): 교통수단이 없는 히말라야 같은 곳에서 원정대의 짐을 운반하는 사람
**    자일파티(seil party): 줄을 함께 묶고 등반하는 동료
***    몬순(monsoon): 우기, 폭풍우

라인홀드 매스너(좌)와 김성기 저자(우)

발가락을 일곱 개나 도려내야 했습니다. 그 스스로 더 이상 등반가로서의 장래를 내다볼 수 없다 생각했습니다. 동생을 죽음으로 내몰았다는 비난을 받아야만 했던 매스너는 30년이 지난 후에 『벌거벗은 산』이란 제목으로 당시의 이야기를 털어놓았습니다. 1978년 그는 낭가파르바트를 다시 찾았습니다. 이번에는 단독으로, 그것도 새로운 루트를 경유해 정상에 섭니다. 매스너는 이 등반이 인생에서 가장 대담한 등반이었다고 회상했지요.

매스너는 1970년부터 1986년까지 16년 동안 지구상의 8,000미터급 봉우리를 모두 오르는 세기적인 위업을 달성했습니다. 대단하게도 그는 두 차례의 단독등반, 소규모 원정대로 알파인스타일등반,* 그리고 8,000 미터를 무산소로 등정했지요. 이것은 한계를 극복하려는 인간의 의지가 얼마나 무한한지를 보여주는 일대사건으로 세상에 알려졌습니다. 매스너는 인간은 자기 자신의 한계를 경험하면서 위험 수위를 조절하고 호기심을 충족시키는 것으로 아주 특별한 깨달음을 얻을 수 있다고 말했어요. 그러나 중요한 것은 산에서 살아남는 것이라고 했습니다. 이 때부터 히말라야 14좌는 등산가들에게 동경의 대상이 되었고 그 정상에 오르려는 레이스가 시작되었습니다.

## 내가 산에 오른 건 올림픽 금메달을 따는 것과는 다르다

1988년 2월 국제올림픽위원회가 제15회 동계올림픽대회에서 세계 히말라야 14좌의 고봉을 완등한 공로로 매스너에게 은메달을 수여하겠다는 뜻을 밝혔습니다. 그러나 매스너는 "등산은 스포츠가 아니다"라고 하면서 메달 수여를 거부했습니다. 등산에서는 심판도 없고 싸우는 상대도 없습니다. 단지 자신과의 싸움만이 있을 뿐입니다. 결국 산을 오르는 것은 경기가 아닌데 순위를 가려서 주는 메달을 받을 수 없다는 뜻이었습니다. 이러한 등산가로의 신념을 그는 자신의 책 『정상에서』를 통해 이렇게 밝힌 바 있습니다.

---

* 알파인스타일등반: 알프스에서의 등반 방식을 히말라야에 적용하는 것으로 고산등반에서의 새로운 좌표를 제시한 것이다. 국제산악연맹(UIAA)이 정의한 알파일스타일등반 기준은 다음과 같다.
1.등반 대원은 6명 이내 2.등반용 로프는 팀당 1~2줄 3.고정로프를 사용하지 않고, 다른 등반대가 이미 설치한 루트상의 고정 로프도 사용하지 않는다. 4.사전 정찰 등반을 하지 않는다. 5.고소 포터나 기타 지원조의 도움을 받지 않는다. 6.산소 기구를 휴대하거나 사용하지 않는다.

익스트림 클라이밍은 경쟁스포츠가 아니다. 산은 절대 누구에게나 똑같은 조건을 주지 않는다. 따라서 경쟁 종목으로는 적합하지 않다. 마라톤은 42.195킬로미터를 달린다. 그리고 모든 참가자들이 같은 조건에서 경기를 한다. 그러므로 가장 빨리 결승지점에 들어온 사람이 승자다. 그러나 산에서는 모든 조건이 매일매일 다르다. 그리고 모두가 동시에 산을 오르는 것도 아니다. 그러므로 최고의 산악인들의 랭킹 리스트란 있을 수가 없다.

-『정상에서』 발췌

## 우리나라 히말라야 14좌 완등 산악인

우리나라는 세계에서 가장 많은 완등자를 배출한 나라로 여섯 명의 등산가가 기록에 올랐습니다. 우리나라 최초의 완등자는 박영석으로 2001년에 14좌를 완등했습니다. 이는 세계 여덟 번째 기록입니다. 역시 2001년 겨울에 엄홍길, 2003년 한왕용, 2010년 오은선(칸첸중가 등정 논란 중), 2011년에는 김재수, 2013년는 김창호가 세계 31번째로 성공했습니다. 김창호는 한국 최초 무산소 등정기록을 세웠습니다. 그는 2005년 7월 14일 낭가파르바트(8,156미터) 루팔벽 등정을 시작으로 7년 10개월 만에 이룬 성과로 14좌 등정을 최단기간으로 갱신했습니다.

# 자신의 한계에 도전하는 것

**인간의 자아실현욕구가 '갈 수 없는 곳'에 길을 만들었다**

미국의 심리학자 매슬로우는 인간의 최상의 욕구를 '자아실현'이라고 했지요. 자아실현의 욕구는 타인과의 경쟁을 통해서 얻어지는 것이 아니고 스스로 내면의 가치관을 세우고 그것을 찾아가는 것입니다. 자신이 하고 싶은 것, 할 수 있다고 생각하는 것을 해내는 그런 사람이 되고 싶은 욕구가 바로 자아실현의 욕구입니다. 사람들은 바로 이러한 자아실현을 통해 의미를 찾고 스스로 만족감을 느끼는 삶을 추구합니다.

매슬로우는 "등산은 '정상경험'을 실현하는 것으로 정상경험이라는 것은 비록 짧은 시간이지만 최상의 즐거움과 깊이를 가진 시간이며 이를 통해 자아실현이 가능하다"라고 말했습니다. 산악인의 끊임없는 도전과 모험은 바로 이 자아실현의 욕구에서 비롯됩니다. 산악인의 자아실현 욕구는 등반 방식을 변화시켰습니다. 알프스에서 히말라야 고봉까지 모두 인간이 정복했다고 해서 도전과 모험이 멈추는 것은 아니었습니다. 인간의 능력으로 불가능하다는 8,000미터 고봉을 무산소로 오르고, 인공등반 장비에 의존해서 오르던 수직의 암벽을 오직 자신의 능력만으로 오르는 등의 도전이 계속되었습니다.

**산악인의 자아실현 욕구에는 한계가 없다**

자아실현의 욕구는 충족될수록 더 강해집니다. 최고의 등반을 하고자 하는 욕구에는 제어장치가 없기 때문입니다. 어려움에 맞서 자신의 한계를 극복하는 싸움의 과정은 자기 안의 모든 능력을 되살아나게 하는 힘을 부여합니다. 스스로도 알 수 없었던 강인한 힘을 온몸으로 느꼈을 때 그 기쁨의 크기는 다른 무엇과도 비교하기가 어렵답니다. 산악인들이 새로운 모험을 찾아 도전을 계속하는 이유입니다.

**진짜 특별한 순간은 어딘가를 처음 올랐을 때 생긴다**

히말라야 8,000미터 고봉 안나푸르나(8,019미터) 남벽을 단독으로 오른 다음 베이스 캠프까지 돌아오는 데 걸린 시간이 정확히 28시간! 바로 스위스 산악인 율리 스텍(Ueli Steck)이 세운 기록입니다. 등반 파트너가 없는 단독등반은 위험한 상황에서 속수무책일 수 있는 무모하기까지 한 등반 방식입니다. 자기 자신에 대한 완벽한 확신이 서지 않으면 행할 수 없는 등반이지요. 그러나 그는 오히려 단독등반이야말로 몰입의 경지가 최고조에 달하는 경험을 가능하게 해준다고 말했습니다. 이런 위험한 등반에는 죽음의 위험이 따르게 마련인데요. 그는 산에서 사망하는 일은 없어야 한다고 강조하면서 그러려면 자신의 한계에 대해 정확하게 알고 있어야 한다고 말했습니다.

"저는 저 자신이 24시간에서 30시간 정도 계속 움직일 수 있다는 것을 알고 있습니다. 반대로 30시간을 넘으면 움직이지 못하게 됩니다. 그런 한계를 알지 못하면 산에서 계속 움직이기 어렵습니다. 때문에 사전에 자신의 한계를 알아두는 것은 매우 중요합니다."

알프스의 4,000미터가 넘는 봉우리 82개를 단 62일 만에 모두 올라서 '82서밋 프로젝트'를 달성한 바 있습니다. 그는 등반하는 이유가 매번 새롭기 때문이라 말했는데요. 어딘가에 처음 올랐을 때의 불확실함이 등반에 더욱 몰입할 수 있게 해주는 동기로 작용했다는 뜻입니다. 2009년 텡캄포체(6,500미터) 북벽을 알파인스타일로 초등하여 황금피켈상*을 수상한 그는 안나푸르나 단독등반으로 또다시 황금피켈상을 수상했습니다. 세상은 그를 '세계 최강의 스피드 클라이머'라고 부릅니다. 2017년 4월, 안타깝게도 그는 에베레스트에서 우리의 곁을 떠났습니다.

**내 인생에 '한계'는 없다(A Life No Limits)**

전문산악인도 아닌 평범한 50대 남성은 자신이 새로운 일에 도전을 하기엔 나이가 너무 많다고 생각했습니다. 그런데 인류 최초로 세계 7대

---

* 황금피켈상(Piolet d'Or): 전 세계 산악인들을 대상으로 매년 그해 최고의 등반 업적을 남긴 이에게 수상하는 상이다. 산악계 최고의 상으로 평가받고 있다.

류 최고봉*을 완등한 딕 배스가 말한 "이 순간을 세상의 50대들에게 바치고 싶다"라고 하는 말이 그의 가슴에 불을 지폈습니다. 딕이 에베레스트 정상에서 "인간은 쉬운 싸움에서 이기는 것보다 어려운 싸움에서 패배할 때 비로소 성장한다"라는 이 말은 50대 평범한 남자 김명준에게 "당장 도전을 시작하라"라고 하는 주문으로 들렸습니다.

아프리카 킬리만자로 등정 성공으로 고산등반에 자신감을 얻은 그는 곧바로 남아메리카 최고봉 아콩카과에 오르기 시작했습니다. 킬리만자

---

* 세계 7대륙 최고봉: 유럽 최고봉 엘부르즈(Elbruz, 5,642m), 북미 최고봉 매킨리(Mckinley, 6,194m), 남미 최고봉 아콩카과(Aconcagua, 6,962m), 아프리카 최고봉 킬리만자로(Kilimanjaro, 5,895m), 남극 최고봉 빈슨매시프(Vinson Massif, 4897m), 아시아 최고봉 에베레스트(Everest, 8,848m), 오세아니아 최고봉 칼츠텐츠(Carstensz 4,884m), 호주 최고봉 코지어스코(Kosciuszko, 2,228m)

로의 성공으로 고소적응에 자신감을 가졌지만 역시 산은 호락호락하지 않았습니다. 특히나 정상 부근의 세찬 눈보라는 추위도 추위지만 중심을 잃어 추락할까 더욱 긴장하게 만들었지요. 그러나 그는 등정에 성공했고 도전의 의지는 더욱 강해졌습니다. 순탄하게 유럽 최고봉 엘브로즈를 등정한 그는 세계의 고봉 가운데 가장 많은 산악인의 목숨을 앗아간 매킨리에서 크레바스에 추락하는 사고를 겪게 됩니다. 가이드와 대원들의 구조로 크레바스에서 탈출한 그는 두려움보다는 생존의 본능이 더 강해졌다고 그때를 회상했습니다.

도전을 이어가는 사이 그는 환갑이 되었지만 더욱 훈련에 집중했습니다. 아침마다 12킬로미터를 달렸고, 토요일에는 25킬로미터로 거리를 늘렸으며, 일요일에는 등산을 반복하는 등 훈련을 계속했어요. 다른 사람들이 나이를 걱정했지만 그는 체력은 스스로 만들어가는 것이라 믿었고, 체력 때문에 목표를 포기하고 싶지 않았기에 훈련에 집중했지요.

2006년 5월 19일 세계최고봉 에베레스트 등정에 성공함으로써 드디어 '세계 7대륙 최고봉 완등'이라는 자신과의 약속을 지켰습니다. 동시에 '세계 최고령 7대륙 최고봉 완등자', '한국 최고령 에베레스트 등정자'라는 영광의 기록도 함께 얻었습니다. 그는 대단해 보이거나 남들에게 인정받고 싶어서 이러한 일에 도전한 것이 아니라고 했어요. 유명세는 그가 꿈을 이루고 났을 때 따라온 부수적인 것들에 불과하다며 다음과 같이 말했습니다.

"그저 내가 좋아서 한 일이었다. 오랜 시간 계획을 세우고 하나 하나 실행해 나갈 때마다 느꼈던 희열, 그것이 내가 원하는 전부였다. 내 꿈을 목표로 바

꿔 실현했다는 것, 그 목표를 향해 늘 최선을 다했기에 한 점 미련도 후회도 없다는 것, 이것이 세계 7대륙 최고봉 완등의 영광보다 더 값지다고 생각한다.”

그의 책 『라이프 노 리미츠』 서문에는 모험적인 등산을 통한 자아실현의 감동이 고스란히 적혀 있습니다.

“나는 오르고 싶은 산, 달리고 싶은 마라톤 코스를 만났을 때 가슴이 뛴다. 내 한계를 넘어서야 하는 고통의 순간에 가장 싱싱한 젊음의 에너지를 느낀다. 그리고 그런 극한의 상황을 이겨낸 후 내 안에서 차오르는 묵직한 성취감, 이 모든 것이 내 삶을 밝혀주는 찬란한 빛이다.”

## 결과보다 과정

모든 사람들이 시간과 돈의 여유가 있다면 하고 싶은 일이 무엇이냐는 질문에 한결같이 '여행'이라고 대답합니다. 그것도 대부분이 해외여행을 꿈꿉니다. 여러분에게 이런 기회가 주어진다면 어떤 여행 계획을 세우고 싶으신가요?

정말 의미 있는 여행을 위해서라면 가고 싶은 목적지 못지않게 중요한 것이 있습니다. 여행사에 의뢰해서 결과만 얻는 그런 여행이라면 여러분만의 특별한 경험이 될 수 없겠죠. 여러분이 꿈꾸는 곳을 직접 기획하고, 준비하고 그 과정에서 시행착오를 겪기도 하고, 새로운 도전도 해봐야 해요. 당연히 원하는 결과를 성취할 때는 기쁩니다. 그런데 원하는 삶의 목표를 향해 한 단계 한 단계 전진하고 있다는 것을 발견할 때 보람찬 기쁨이 느껴지지요. 결과만 얻어가는 여행은 반쪽짜리 기쁨에 불과합니다.

자기실현을 한 산악인의 공통점은 수단과 목적을 구분한다는 겁니다. 이들은 목적을 수단으로 정당화하지 않으며 과정이 결과보다 더 중요하다고 생각합니다. 그들이 산에 올라가는 목적은 정상에 올라가서 승리의 메달을 목에 걸고자 하는 것이 아닙니다. 장비에 의존하지 않고 누군가의 도움 없이 자신만의 힘으로 오르는 과정을 즐깁니다. '올랐다'는 결과가 아니라 '오르는 과정'에 가치를 두지요. 즉, 등산에서 가장 중요한 것은 산에 오르는 과정과 그 정신에 있다는 뜻입니다.

여러분의 삶도 마찬가지입니다. 여러분에게 필요한 것은 성공의 경험이 아니라 과정의 경험입니다. 자주 도전하세요. 실패했다고 의기소침해지거나 좌절할 필요도 없습니다. 실패 경험은 위대한 성공의 소중한 자산이 됩니다.

암벽등반이야말로 이러한 것을 경험할 수 있는 최적의 활동입니다. 고난이도 암벽코스에 도전할 때 한 번의 시도로 성공하면 좋지만, 여러 번 실패해서 다시 시도한다 해도 전혀 부끄러울 것 없는 과정이 암벽등반입니다. 실패 후에 훈련을 거쳐 다시 도전했을 때, 자신이 가진 능력만으로 어려운 곳에 오르면 특별한 즐거움을 누릴 수 있답니다.

### 고도보다 태도(Attitude more than Altitude)

산업사회에서는 목표를 달성하기 위해서 이것저것 가리지 않고 전력을 다하는 사람에게 기회가 주어졌습니다. 자신의 철학을 지니기보다 기업의 요구에 맞춰 수단과 방법을 가리지 않고 성과를 이루어내는 사람이 성공하던 시절이었지요. 그러나 세상이 변했습니다. 세상은 이익만을 추구하는 기업을 외면합니다. 영리가 목적인 기업을 평가할 때도 성과보다는 그 성과를 내기 위한 방법이 정당했는지 따집니다.

산도 마찬가지입니다. 수단과 방법을 가리지 않고 높은 정상에 오르기만 하면 되었던 시대가 있었습니다. 그렇게 지구상의 높은 산들이 인간에 의해 정복되자 이제 산을 오르는 방법에 대한 엄격한 기준을 요구하기 시작했습니다. 산의 고도만을 추구하는 것이 아니라 어떻게 올랐는지의 그 과정과 방법에 무게 중심을 두는 것입니다.

사람들은 대부분 익숙하고 편안한 안락지대에 오랫동안 머물기를 원합니다. 그러나 편안함에 익숙해지면 변화가 사라져 성장의 기회는 점점 줄어듭니다. 시인 프루스트는 삶의 지혜를 얻는 두 가지 방법에 대해 말했는데요. 하나는 교사를 통해서 고통 없이 얻는 것이고, 다른 하나는 삶을 통해서 고통스럽게 얻는 것입니다. 그는 고통을 통해 얻는 지혜가 훨씬 더 우월하다고 주장합니다. 삶의 지혜란 스스로 발견하는 것이라고 하면서요. 산악인의 경우도 다르지 않습니다. 따라서 그들 역시 쉽고 안전하게 정상에 오를 수 있는 길을 거부하고 새로운 길을 개척하는 것이지요. 보다 높은 산을 오르는 것에 가치를 두는 것이 아닌 '어떻게 오를 것인지'에 더 가치를 두면서요.

이러한 산악인들의 도전과 노력은 마침내 거벽등반을 거쳐 단독등반, 무산소등반, 연속등반, 속도등반 등으로 등산의 여러 형태를 양산하기에 이릅니다. 산을 오르는 방법을 광범위하게 탐색하고 상상력을 발휘해 문제를 해결해나가는 과정에서 등반의 발전도 가능해진 거고요.

'황금피켈상'은 전 세계 산악활동을 검토해 매년 도전과 모험을 실천한 산악인에게 수여합니다. '공정한 방법(by fair means)'이 바로 이 상의 핵심 심사규정*입니다. 인공적인 도구의 사용을 최소화하고 자신의 힘으로만 올랐는가, 자연을 훼손하지 않는 등반을 했는가, 등반의 자율성은 어땠는가 등등이 평가기준이지요.

공정한 방법으로 산을 오르는 것은 삶의 태도에도 변화를 가져옵니다. 미국의 산악인이자 대법관이었던 윌리엄 오 더글러스는 "산을 좀 더 알게 되고, 그것을 자신의 일부처럼 받아들이게 되면, 인간의 내면에 잠재하고 있는 공격성은 많이 둔화된다. 인간이 인간과 투쟁할 때는 질투, 시기, 좌절, 쓰라림, 증오 같은 것을 배우게 된다. 하지만 산과 투쟁할 때 인간은 자신보다 거대한 존재 앞에서 고개 숙일 줄 알게 되고, 그런 과정을 통해 평온, 겸허, 품위 같은 것을 배우게 된다"라고 말했습니다.

## 등산의 최종 목표는 '살아 돌아오는 것'

산악인은 남들이 가지 않은 길을 찾아 첨예한 등반을 시도하지만 그들의 최종 목표는 정상에 오르는 것이 아니라 '살아서 돌아오는 것'입니다. 정상은 최종 목적지가 아니라 반환점에 불과합니다. 그래서 등산보다 하산이 더 중요하다는 말을 하는 거예요. 황금피켈상의 심사규정에 '위험한 등반행위는 아니었는가?'를 따져 묻는 것도 이런 까닭입니다.

그래서 산악인은 자신의 능력을 철두철미하게 파악하고 있어야 합니다. 이것이야말로 등반할 때 주어지는 가장 어려운 과제이지요.

---

* 황금피켈상 심사규정: 엘레강스한 등반 스타일인가? 창의력과 혁신성이 있는가? 탐험정신이 있는가? 독창적인가? 남의 도움을 받았는가? 원정대의 자율성이 있는가? 고도의 등반기술이 있는가? 참여와 자율성을 위배한 등반행위는 아니었는가? 파트너와 지역 원주민을 보호했는가? 자연보호를 실천했는가?

# 등산전문가가 되기 위한 준비

# #1장
# 즐거움으로
# 할 수 있는 일

"나는 계속 배우면서 갖추어간다. 나에게도 언젠가 기회가 올 것이다.

-에이브러햄 링컨

**등산의 추억**

필자는 초등학교에 입학하기 전부터 산에 다녔습니다. 경찰관이셨던 아버지가 아침마다 저희 자매들을 데리고 산에 오르셨거든요. 간혹 저 혼자 아버지를 따라 산에 갈 때는 아버지의 자전거 뒤에 앉아서 갈 수 있었어요. 태산만큼 크게 느껴지는 아버지의 등 뒤에서 허리를 꼭 잡고 쌩쌩 달릴 수 있어 산에 가는 일이 더 좋았나 봅니다. 학교에 입학해서도 가족끼리 늘 자연을 찾아 소풍을 갔지요. 교통수단도 변변치 않았던 1970년 시골에서 가족이 소풍을 가는 일은 흔치 않았어요. 하지만 아버지는 계절이 바뀔 때마다 우리를 산으로 데리고 가셨답니다. 그래서 어릴 적 기억에 등산은 참 즐겁고 행복한 일이었습니다. 어릴 적 기억 덕분일까요? 어른이 되어 정말 힘들고 어려울 때 위안을 받고 싶으면 산을 찾게 되더군요.

**산을 좋아해서 산에 오른다**

등산전문가는 산을 다니는 게 돈을 벌어다준다고 생각하고 다니지 않습니다. 모두 원래부터 산을 좋아하지요. 등산은 험난한 자연환경을 마주하고 그에 맞서 어려움을 극복하는 자기와의 싸움이므로 힘들고 때론 위험할 수도 있습니다. 산을 좋아하는 사람들은 그런 상황에 자주 부딪칠수록 더욱 강하게 자신을 바로 세우고, 더 많은 준비를 해서 매번 산에서 맞이하는 어려움을 극복해나갑니다. 그러면서 점점 산을 많이 알게 되고 많이 알수록 더욱 좋아하게 되고, 등산을 더 잘하게 되는 거죠.

세계의 위대한 인물들을 보면 타고난 천재는 아닌데 한 분야에서 뛰어난 재능을 발휘한 경우를 많이 볼 수 있습니다. 그들은 어떻게 특별한 사람이 될 수 있었을까요?

한 분야에서 성공하려면 최소한 10년 이상 집중해서 노력해야 합니다. 이처럼 오랜 기간 집중하기 위해서는 무엇보다 그 일이 즐거워야합니다. 그래야만 행복하게 일에 집중할 수 있겠지요. 등산전문가가 되기 위한 첫 번째 준비는 바로 산을 좋아하는 일부터 시작됩니다.

## 좋아하니까 잘하는 걸까,
## 잘하니까 좋아하게 되는 걸까

**등반의 매력에 빠지다**

여러분, 웃으니까 행복한 걸까요? 행복하니까 웃는 걸까요? 행복하니까 웃는다는 대답을 많이 하겠지요. 뇌과학에서는 웃음은 사람을 행복에 이르게 해주는 힘을 갖는다고 말합니다. 그럼 여기서 또 다른 질문을 하나 해볼까요? 좋아해서 잘하게 되는 걸까요? 잘하니까 좋아하게 되는 걸까요? 이건 대답이 좀 어렵지요. 둘 다 맞는 이야기입니다.

필자는 암벽등반을 배우는 첫날, 등반의 매력에 풍덩 빠져버렸습니다. 처음 동료가 암벽을 올라가는 모습을 바라볼 때는 두려움이 커서 도저히 저는 할 수 없을 것처럼 보였습니다. 하지만 막상 암벽에 붙어서 한 발 한 발 올라서자 두려움 따위는 다 사라지더군요. 내 발이 미끄러지지 않는 게 너무 신기했어요. 크랙을 붙잡고 견뎌내는 내 팔의 힘에 스스로 감탄했지요! 그때 필자의 별명이 '무수리'였습니다. 무슨 여자가 힘이 그렇게 세냐고 선배들이 붙여준 별명입니다.

2016년 한국청소년오지탐사대원(사진제공: 코오롱등산학교)

## 좋아하는 일을 찾아라

저의 경우, 암벽등반에 적합한 신체 조건을 가졌기에 좋아하게 된 것 같습니다. 암벽등반을 배우면서 제가 발견하지 못한 잠재된 능력을 찾아낸 것이지요. 이렇게 세상에는 여러분이 즐거워질 수 있는 무대가 열려 있습니다. 우리는 할 수 있는 한 이런저런 경험을 많이 해보아야 합니다. 그래야 진짜 내가 잘할 수 있는 일, 좋아하는 일을 찾아 그 일을 하면서 행복하게 살 수 있으니까요.

# #2장
# 등산 학교에서
# 전문성 다지기

"경험을 통해 내가 직접 깨달은 바, 누구나 꿈을 이루기 위해 자신 있게 밀고 나가고

원하는 삶을 살기 위해 열심히 노력하면, 언젠가는 뜻밖의 성공을 거두게 된다."

-헨리 데이비드 소로

# 등산을 가르치는 학교

**등산을 배우러 학교까지 간다고?**

필자가 지도한 교육생의 이야기인데요. 등산학교를 먼저 수료한 아내가 자꾸 등산학교에 가라며 등을 떠밀자 아내에게 이렇게 대꾸했답니다.

"그냥 산에 가면 되지 등산을 뭐 학교까지 가서 배워야 하는데?"

이렇게 퉁명스럽게 말을 했다지만, 무거운 배낭 메고서도 매주 신이 나서 집을 나서던 아내를 보고 뭐가 그렇게 좋은지 궁금했다네요. 평소 운동도 잘 안 하던 아내가 왜 저렇게 열심히 다니는지……. 원래는 동네 뒷산도 힘들어서 못 가겠다고 포기하고 있었더랬죠. 지인한테 등산학교라는 것을 소개받았고, 아내가 먼저 입학해 수료한 다음 남편에게 적극추천한 거예요. 남편은 등산도 힘들어서 못 했는데 암벽등반까지 배워보라는 아내의 권유가 선뜻 내키지는 않았습니다. 하지만 결국 등산학교에 입학하고 6주간의 교육을 잘 마쳤습니다.

"처음엔 백운산장까지도 겨우 올라갔는데, 거기다가 암벽을 올라갈 때는 온 몸이 떨리고 손으로 뭔가 잡으려고 해도 손가락에 힘조차 줄 수 없었어요. 그리고 집에 돌아가면 죽겠더라구요. 3일 정도 지나야 겨우 회복이 되는데 토요일이면 또 나서야 하니까 그래서 그만두려고 했어요. 그때 아내가 한 주만 더 가보고 결정하라고 했습니다. 두 번째 백운산장을 오를 때 오늘도 죽었다 싶은 심정이었는데 이상하게 괜찮더라고요. 암벽을 탈 때는 지난주보다 손가락에 힘이 좀 더 들어가는 느낌도 들고……. 그리고 지난주에는 수요일까지도 힘들어서 빌빌대던 몸이, 월요일 오전쯤 지나니까 피곤하기보다 가뿐한 느낌이 들었습니다. 여기까지가 내 신체의 한계라고 생각하고 다음에 또 산에 오르면, 한계라고 생각했던 곳보다 높이 올랐지요. 그런 변화가 계속 일어났어요.”

등산이 건강에 좋다고 하죠? 하지만 등산을 하기 전에 등산하는 법부터 배워야 해요. 그래야 건강하게 산행을 할 수 있죠. 상당수가 등산을 시작했다가 포기하는 이유가 ‘등산이 힘들어서’입니다. 산에 오르면 중력의 저항을 받기 때문에 힘이 든 것은 사실입니다. 거기에다가 무거운 배낭까지 메고 가면…… 말하지 않아도 알겠죠? 등반기술은 등반할 때 힘을 덜 쓸 수 있도록 도와주지요.

등산하는 법을 모르면 산을 오르다가 오히려 건강을 해칠 수 있어요. 자신의 체력을 고려하지 않고 무리하다가는 조난을 당할 수도 있고, 산의 기상변화에 대한 지식이 없어 강풍이나 폭우로 인한 위험에 처하기도 하지요. 그래서 산행을 하기 전에는 반드시 안전한 산행법, 효율적으로 체력을 유지하는 기술을 익혀야 해요.

사람은 한계를 뚫고 발전한다.

## 경험만으로는 부족한 것이 있다

등산학교에 입학하는 교육생들 중에는 오랜 산행 경험이 있는 분도 있고, 암벽등반을 할 줄 아는 분들도 있습니다. 해외등반도 경험하는 등 여러 가지 다양한 산행 경력을 가진 분들도 등산학교에 오셔서 교육을 받고 싶어 합니다. 심지어 산악회에서 등반대장을 하던 분도 등산학교를 찾는데요, 이런 경험자들이 왜 등산학교에서 교육을 다시 받으려고 했을까요?

어느 한 분야에서 오래 경험이 쌓이면 본인이 원하지 않아도 그 무리에서 선배가 되지요. 이 '선배'라는 말의 뜻인즉 '지위, 나이, 덕행, 경험 등이 자기보다 앞서거나 높은 사람'입니다. 산악회에서 선배가 되면 등반할 때 팀의 안전한 등반을 이끌 책임이 주어집니다. 그러다 보면 선등

선배와 후배의 상호작용

*도 해야 하고, 후배들에게 등반기술도 가르쳐야 하는데요. 자신이 익힌 기술을 남에게 가르쳐줄 때는 능력이 하나 더 필요합니다. 바로 전달력인데요. 전달력이란 왜 이런 이런 조치를 해야 하고, 왜 이게 필요한지 등에 대한 원리와 배경이론을 잘 설명할 수 있는 능력입니다. 경험자들은 이 같은 노하우를 얻기 위해 등산학교를 찾습니다.

필자가 등산학교 교육생으로 등산교육을 받고 있을 때였습니다. 등산 기초 과목이었는데 강사가 "등산의 목적이 무엇입니까?"라고 교육생들에게 질문했습니다. 그때 교육생들이 건강, 모험, 경치 감상 등등 여러 가지 이유를 말했는데, 강사는 묵묵히 PPT 화면을 넘겼습니다. 화면에는 단 한 줄 '살아서 돌아오는 것'이라고 빨간색으로 적혀 있었습니다. 당시에는 잠깐 경각심을 갖기는 했지만 살아서 돌아오는 것이 등산의 목적이라고 생각하지 않았습니다. 그건 전문산악인들이 어려운 등반을 할 때에나 적용되는 이야기 같았거든요.

국민안전처 2015년 발표에 따르면 2014년 한 해 동안 발생한 등산사고 건수가 7,441건인데 첫 번째로는 추락 및 실족에 의한 사고가, 그다음으로는 조난사고가 가장 많았습니다. 조난 시에는 저체온증으로 사망할 위험이 높은데요. 위험한 전문등반보다는 일반등산에서 사고가 더 많이 발생합니다. 이러한 사고들은 산의 위험을 제대로 알고 이에 대한 안전대비책, 자신의 신체 조건, 체력에 적합한 산행을 할 수 있는 능력을 기른다면 예방이 가능한 부분들이어서 더욱 안타깝게 합니다. 그

---



* 선등: 리딩이라고도 하는데 암벽등반에서 앞서서 확보물을 설치하며 올라간다는 의미다. 선등하려면 암벽등반기술 및 확보물 설치 기술, 확보지점을 구축하는 기술이 필요하다. 또한 선등자는 자신이 이끌고 있는 팀의 안전까지 책임져야 한다.

래서 교육을 제대로 받고 등산해야 한다고 강조하는 거예요.

등산할 때의 행동은 스스로 책임져야 합니다. 그래서 아는 것이 중요합니다. 자연의 혹독함도 알아야 하고, 자신의 한계를 잘 알고 있어야 합니다. 절대 산에서 살아 돌아오지 못하는 일이 있어서는 안 되니까요.


## 어떤 일을 하든 '기본'이 가장 중요하다

등산학교 첫 주차 암벽등반 실기과목이 '슬랩등반'* 기술입니다. 슬랩등반은 암벽등반을 하는 데 필요한 가장 기본적인 자세입니다. 암벽등반을 처음 배우는 교육생은 강사의 지도 아래 기본자세를 배우려고 노력합니다. 그리고 올바른 자세를 갖추게 되죠. 그런데 암벽등반 경험을 가진 분들 중에서 슬랩등반의 기본원리를 제대로 배우지 못하고 등반을 시작한 분들은 정확한 슬랩등반 자세를 취하지 못하는 경우도 있습니다. 차근차근 원리를 다시 설명하고 시범을 보이고 다른 교육생들의 등반자세와 비교하면서 스스로 자세를 교정하도록 애써보지만 그게 쉽게 고쳐지지 않습니다. 이미 나쁜 자세가 몸에 굳어진 탓입니다.

스포츠에서는 자세를 어떻게 취하느냐에 따라 결과가 달라지기도 합니다. 경기에서 찰나의 순간, 혼신의 힘을 쏟아 만들어낸 결정적 동작이 승패는 물론 최고의 기록까지 결정하니까요. 최고의 동작을 취하기 위해서는 힘을 키워야 해요. 근육의 힘은 바로 균형 잡힌 신체에서 나

---

*    슬랩등반(slab climbing): 슬랩은 암벽의 표면이 요철이 적어 마땅히 잡을 곳이 없는 매끄러운 넓은 바위를 말한다. 슬랩등반은 약 50~70도 정도로 기울어진 암벽을 발의 마찰력을 이용해서 오르는 기술이다. 슬랩은 대체로 경사가 약해서 격렬한 힘보다는 균형과 마찰력을 필요로 한다. 그래서 초보자들이 발쓰기, 손쓰기, 몸의 움직임을 배울 수 있는 좋은 장소이다.

등반에도 올바른 자세를 갖추도록 해야 한다.

오지요. 그래서 정확한 자세를 배우는 것이 중요합니다.

암벽등반도 마찬가지입니다. 기본동작을 무시하고 힘으로만 등반을 해도 어느 정도 실력이 늘어날 수 있겠지요. 그러나 그 과정에서 만들어진 나쁜 습관 때문에 얼마 가지 않아 한계에 부딪히게 됩니다. 결국 그레이드(grade)*를 올려가는 데 발목을 잡히는 결과를 초래하지요. 정식교육을 받지 않으면 실력을 향상시키는 데 한계가 있다고 충고하는 이유입니다.

등반의 기본실력을 잘 다지면 자신감이 생기고 실력을 점점 키워갈 수 있습니다. 실력 향상은 더 높은 곳을 목표로 삼을 수 있는 힘이 됩

---

* 그레이드(grade): '등급'을 말하는 것으로 빙벽에서 사용되는 기술로 판단하여 그 어렵기 정도를 나타내는 척도이다. 우리나라는 요세미티 등급체계를 사용하고 있으며 5.2~5.15 사이의 숫자로 표기되며 위로 갈수록 난이도가 어려운 것이다.

니다. 그래서 암벽등반을 처음 배울 때 기본기를 잘 다지는 것은 자신감 생성, 실력 향상, 높은 목표 달성의 선순환 구조를 이어가게 하지요.

## 등산을 배우는 학교, 등산학교

우리나라에서 등산학교를 개설하고 교육을 시작한 것이 1974년부터이니 42년이 되었네요. 초창기의 등산학교 교육 목적은 일반 등산인의 등산 안전사고를 예방하고자 하는 공익적 목표와 전문산악인 양성에 있었습니다. 그동안 등산이 대중화되고 암벽등반 등 전문등반에 도전하는 사람들이 많아지면서 오늘날의 등산학교는 전문등반을 배우려는 사람들의 입문과정으로 변했습니다.

등산학교는 산악단체가 운영하거나 아웃도어브랜드에서 운영하는 학교가 있고 산악전문가가 운영하는 학교도 있습니다. '학교'라는 명칭이 사용되지만 실상은 아카데미라고 보면 됩니다. 등산학교에 대한 정보는 포털사이트에 '등산학교'를 검색하면 홈페이지를 통해 교육프로그램 및 모집 시기 등을 확인할 수 있습니다.

국내 등산관련 단체 중 가장 큰 단체는 사단법인 대한산악연맹입니다. 대한산악연맹은 각 시도에 17개의 지부를 두고 있습니다. 각각의 지부에서는 지역 전문산악인들이 주축이 되어 등산학교를 운영하고 있습니다. 서울시 연맹은 한국등산학교, 대구시연맹은 대구광역시등산학교, 경남연맹은 지리산등산학교 등을 운영하는데 대한산악연맹 홈페이지[*]

---

[*]  http://new.kaf.or.kr

148

에서 지역별 등산학교 운영 및 교육과정, 모집 시기 등을 확인할 수 있습니다.

아웃도어 기업에서 운영하는 등산학교는 코오롱등산학교(코오롱스포츠)[*], 서울등산학교(호상사)[**]가 있습니다. 두 곳 모두 서울에 소재하고 있으며 실기교육은 주로 북한산, 도봉산 등에서 실시합니다.

이 밖에도 대암벽등반을 가르치는 익스트림 라이더등산학교[***]가 있고, 각 지역별로 소규모 단체나 개인이 운영하는 등산학교도 있습니다.

[*]  http://www.mountaineering.co.kr
[**]  http://www.seoulclimbingschool.co.kr
[***]  http://www.exrider.co.kr/

# 등산의 전문성을 업데이트하라

**등산전문가란?**

전문가란 특정 분야의 일을 오랫동안 해서 그에 관해 풍부하고 깊이 있는 지식이나 경험을 가지고 있는 사람을 말합니다. 그런데 지식과 경험만 있다고 해서 모두 전문가가 되는 것은 아닙니다. 필자의 생각에 전문가라 함은 그 분야의 경험과 지식을 바탕으로 다른 사람들에게 영향력을 미칠 수 있는 사람입니다. 전문가가 지닌 고도의 지식과 경험은 어떤 형태로 영향을 미칠 수 있을까요? 바로 말이나 글을 통해서 발휘됩니다. 강연을 하거나, 글을 쓰거나, 학생들을 지도하는 일로 말입니다. 그래서 전문가가 되려면 아는 것에서 머무는 것이 아니라 아는 것을 표현하는 일에도 관심을 두어야 합니다.

그럼 어떤 사람을 등산전문가라고 할까요? 이 물음에 답변하기란 쉬운 일이 아닙니다. 산행 경력이 몇 년 이상이어야 한다거나, 암벽·빙벽등반 등 전문등반을 할 줄 알아야 한다거나, 해외원정의 경험이 있어야 한다 등등의 기준을 말할 수도 있지만 얼마만큼의 경력과 능력을 쌓아야 등산전문가라고 할 것인지에 대한 기준은 없습니다. 다만 등산 (Mountaineering)은 암벽, 빙벽, 설상등반을 모두 포함한 개념이므로 등산 전문가는 이 모든 분야에서 일정 수준의 능력을 지니고 있어야겠지요. 고산등반전문가, 암벽등반전문가 등으로 주로 활동하는 분야가 나뉘어지 기는 하지만 결국 고산등반을 하려면 암벽등반, 빙벽등반도 할 수 있어야 가능하기 때문에 등산전문가를 꿈꾸는 여러분은 일반등산뿐만 아니라 전문등반을 두루 할 수 있어야 합니다.

## 등산학교 그랜드 슬램

대부분의 등산학교가 '정규반'이라는 명칭으로 교육과정을 개설하고 등산의 기초부터 암벽등반까지 교육 내용에 포함하고 있습니다. 정규 반*은 암벽등반을 처음 배우고자 하는 사람들이 암벽등반에 입문하는 과정이라고 보면 됩니다. 정규반 졸업을 한 사람들은 암벽반**에 입학합 니다. 졸업했다는 성취감이 자신감을 불러일으켜 또 다른 도전으로 이 어지는 것이지요. 졸업은 배움의 단계 하나를 매듭진 것으로 졸업장을 손에 넣으면 다음으로 나아갈 수 있는 에너지를 얻게 되지요. 그래서 등산학교 사람들은 겨울에도 빙벽등반, 설상등반까지 도전을 멈추지 않습니다. 결국 등산학교의 모든 교육과정을 마치는 '그랜드 슬램'을 이 루게 됩니다.

그랜드 슬램은 교육생들이 스스로 만들어낸 목표입니다. 그랜드 슬램

---

* 　정규반 교육과정: 등산의 기초, 독도법, 암벽등반 이론 및 기술, 응급처치, 등산의 역사, 해외등반

** 　암벽반 교육과정: 암벽등반 심화과정으로 설악산에서 7박 8일 합숙교육

을 달성한 사람들은 산악회의 맴버가 되어 해외등반도 다니고 왕성한 등반 활동을 합니다. 개중에 일부는 등산전문가가 되어 아웃도어 브랜드에서 일을 하거나 등산강사로 활동하고요.

한 가지 일에 오랫동안 몰두하려면 기본기가 탄탄해야 합니다. 등산을 배우는 것은 학교가 아니어도 배울 수 있지만 학교 교육은 체계적인 과정을 통해 기본기를 탄탄하게 닦아준다는 장점이 있습니다.


**배우고, 행동하고, 노하우를 쌓는 기회로**

등산학교 교육을 받을 때는 'Study' 하지 말고 'Learning'을 하세요. 학교에서 강사가 설명하는 내용을 단순히 암기하려는 공부만 하지 말고 원리를 알고 행동해봄으로써 자기 것으로 만들어야 한다는 뜻입니다.

전문성이란 누구나 알고 있는 내용을 단순히 말할 수 있는 능력이 아니라 자신의 경험과 노하우로 지식을 자신의 것으로 만드는 것입니다. 그러기 위해서는 배운 내용을 실제로 활용해보는 노력이 필요하지요.

필자가 등산학교 다닐 때 강의 들으며 메모를 해둔 노트가 있습니다. 강사가 설명하는 내용을 받아서 적는 용도였는데요, 교육이 끝나면 다시 읽어보며 이해가 안 가는 부분은 책을 찾아서 주석을 달아놨지요. 그리고 제가 강사가 되었을 때 이 노트는 저만의 비밀무기가 되었습니다. 등산학교 교육과정에 맞추어 주차별 강의 교안이 이 노트를 기본으로 만들어졌으니까요. 실기교육 계획은 어떻게 짜야 하는지, 매듭법을 교육할 때 도입은 어떻게 해야 하는지, 크랙등반을 지도할 때 동작 설명을 하는 요령 등이 세세히 적혀 있는 노트입니다. 지금도 이 노트는

진화하고 있습니다. 강사 세미나에 갈 때도 들고 다닙니다. 새로운 장비 사용법이나 다른 강사의 지도방법 등을 새로이 추가하지요.

등산학교 교육을 받는 동안 여러분은 단순히 '이것이 나의 경험이고 지식이다'의 차원을 넘어서 전문가로서 다른 사람들에게 이 지식과 경험을 어떻게 설명할 것인지에 대한 고민도 충분히 하시기 바랍니다. 그리고 꼭 기록으로 남겨두세요. 기록으로 남길 때는 지도강사의 말만이 아니라 자기가 말하는 것으로 표현해야 합니다. 요약형으로 메모하지 않고 문장으로 설명하는 기록이 더 유용합니다.

# #3장
# 스펙의 시대,
# 자격증을 따라

"일은 당신 인생에서 대부분을 차지한다.

그러므로 의미 있다고 생각하는 일을 해야 만족감을 느낄 수 있다.

위대한 일을 할 수 있는 단 한 가지 방법은 그 일을 사랑하는 것이다.

아직까지 자신이 사랑하는 일을 찾지 못했다면 현실에 안주하지 말고 계속 찾아라.

모든 위대한 사랑과 마찬가지로 위대한 일은 세월의 흐름 속에 그 깊이를 더해간다.

그러니 성공을 손에 넣기 전에는 발걸음을 멈추지 마라."

-스티브 잡스

## 자기 브랜드 창출

**나만의 브랜드를 만들어라**

필자는 등산학교를 졸업하고 산악회에 들어가서 등반을 계속했습니다. 필자가 가입한 산악회는 등산학교를 졸업한 사람만 가입할 수 있었어요. 산악회는 자체 등산학교를 운영하여 암벽등반의 기본기를 다지도록 하였지요. 덕분에 학교에서 배운 이론적인 것들도 실제 현장에서 다시 익힐 수 있었어요. '등반의 완결, 하강'이란 주제로 발표한 기억도 있습니다. 아주 오래된 일인데 지금도 기억에 생생한 이유는 발표를 위해 정말 열심히 준비했기 때문입니다. 지금처럼 온라인에서 검색해서 찾아낼 수 있는 시절이 아니었으니까 등산기술서, 등산잡지 등을 뒤져서 내용을 찾고 여러 가지 하강기구들을 직접 구매해서 사용해보고 장단점을 알아내려고 노력했는데요. 발표를 마치고 깨달았어요. 자기가 아는 것을 남에게 전달 할 수 있을 때 비로소 '진짜 아는 것'임을 말입니다.

이후 저는 등산강사 자격시험에 지원했지요. 그래서 (사)대한산악연맹에서 등산강사 제도를 시행하는 첫 해에 시험에 응시해서 합격했습니다. 이때만 해도 등산강사 자격증으로 제가 또 다른 일을 하게 될 줄 전혀 생각지도 못했습니다. 그런데 자격증을 받고 그해 가을에 등산학교 강사로 일하게 되었고, 지금도 같은 등산학교에 강의를 나간답니다.

등산강사로 활동하다 보니 또 다른 목표가 생겼어요. 청소년을 위한 등산활동 프로그램을 만들어서 일선 학교에 제안해보고 싶었습니다. 우리나라 청소년들의 사망 원인 1위가 자살이라고 합니다. 극심한 스트레스, 우울증, 왕따 등이 원인으로 나타나는데요. 등산을 하면 스트레스도, 우울증도 치유될 수 있거든요, 그리고 암벽등반을 배우면 등반 파트너와의 신뢰가 가장 중요하기 때문에 동료의 소중함도 배우고 사회성도 좋아집니다. 그래서 청소년들이 산을 좋아하고 암벽등반도 체험할 수 있는 그런 등산활동 프로그램을 만들고 싶었지요. 이를 위해서는 '청소년지도사' 자격증이 필요했어요. 그래야 청소년수련활동 인증프로그램을 만들 수 있고 청소년 체험활동을 지도할 수 있으니까요. 한국방송통신대학교 청소년교육과에 3학년으로 편입하여 2년 동안 공부해서 청소년지도사 자격증을 취득했습니다.

대학에서 '스포츠클라이밍', '청소년 프로그램개발 및 평가' 과목을 강의할 수 있었던 것도 청소년지도사 자격 취득 후 일입니다. 이처럼 자격증은 학력이나 경력보다 우선 선택의 조건이 됩니다. 그래서 자기 브랜드를 미리 미리 갖추어 두라고 조언하는 것입니다. 언젠가 있을 기회를 위해서요.

## 등산분야 자격증

등산분야 자격은 전문 기능을 지닌 직업에서 요구하는 자격과는 성격이 다릅니다. 미용, 패션, 정비 등의 자격은 본인이 일정 수준의 기능을 지녔느냐를 평가하는 것이지만, 등산관련 자격은 등산을 지도할 수 있는 능력을 지녔는지를 검증하는 것입니다. 그래서 등산 및 전문등반 실력뿐 아니라 지도능력을 테스트합니다. 이와 관련된 등산자격은 등산강사(2급), 숲길체험지도사, 생활스포츠지도사(등산), 전문스포츠지도사(산악) 등이 있습니다.

생활스포츠지도사(등산)는 문화체육관광부에서 주관하고 각 종목별 생활체육협회에서 자격인증을 담당하고 있습니다. 전국의 시군구에서 운영하는 인공암벽장 및 청소년스포츠문화센터내 인공암벽장 강사는 이 자격이 있어야 채용이 가능합니다.

등산강사 자격은 (사)대한산악연맹 등산교육원에서 인증하는 민간자격입니다. 민간자격이지만 자격검증 내용은 등산관련 국가자격보다 더 세밀하고 포괄적입니다. 등산의 기초부터 암벽등반, 빙벽등반, 설상등반까지 두루 능력을 갖추어야 하고 이를 지도할 수 있는 능력을 평가합니다. 따라서 이 시험에 응시할 수 있는 자격은 '암벽 및 빙벽등반 5년 이상의 경력을 가진 자'로 제한합니다. 다른 자격보다 취득하기 어렵지요.

등산강사 자격 연수의 장점은 중요 과목에 대한 연수교육이 포함되어 수험자의 기술과 지식에 대한 정리 및 점검을 할 수 있다는 점입니다. 자격 취득 후 등반교육을 지도할 때 도움이 되는 내용을 체득하는 기회이기도 하고요.

**생활스포츠지도사(등산):** 생활스포츠지도사 자격증은 1급과 2급이 있다. 1급 자격증의 경우 2급 자격증이 존재해야 취득이 가능하기 때문에 2급부터 도전해야 한다. 2급의 경우 만 18세 이상부터 가능하다. 필기시험 교과목은 다음과 같다. 스포츠심리학, 운동생리학, 스포츠사회학, 운동역학, 스포츠교육학, 스포츠윤리, 한국체육사 등 7과목 가운데 5과목을 선택해서 시험을 본다. 필기시험의 경우 각 과목 만점의 40% 이상 점수를 얻고 전 과목 평균이 60% 이상 득점한 경우 합격된다. 필기시험에 합격해야 실기 및 구술시험에 응시할 자격이 주어진다. 필기/구술시험을 합격하면 연수를 받아야 한다. 연수는 필기시험에 합격한 해의 12월 31일로부터 3년 이내에만 이수하면 된다. 연수에서는 총 90시간의 교육과정을 마쳐야 한다. 스포츠 윤리, 건강 및 안전관리, 지도역량, 스포츠 매니지먼트 등 일반수업을 일주일에 거쳐 66시간 들은 후 현장실습을 24시간 거치면 된다. 일반수업, 현장학습 연수과정을 각각 90%이상(일반 수업은 59시간, 현장실습 22시간) 출석하면 최종 합격하고 생활스포츠지도사로 활동이 가능하다. 시험은 매년 1회만 실시한다. 필기시험 접수는 국민체육진흥공단 체육지도자연수원(https://www.insports.or.kr)에서 받는다.

**등산강사:** 등산강사 자격검증에 지원하려면 암벽 및 빙벽등반 5년 이상의 경력일 가진 만 18세 이상 남녀로서 시도연맹 회장, 대한산악연맹 각종위원회 위원장, 유관단체(한국산악회, 한국대학산악연맹)장, 기타 대한산악연맹 등산교육원이 인정한 등산학교장의

추천을 받아야 한다. 자격 검증과정은 2차례의 하계 연수과정과 1회 동계 연수가 있다. 자세한 정보는 (사)대한산악연맹 등산교육원홈페이지(http://www.kafedu.or.kr)를 참고하자.

숲길체험지도사는 산림청에서 인증하는 자격입니다. 산림청에서 관리하는 숲길에 배치되어 다양한 등산서비스를 제공하거나 올바른 등산문화정착을 위해 안내하는 역할을 합니다. 청소년 안전등산교실을 운영하거나 일반인들의 안전한 산행을 위한 프로그램을 운영하는 일을 하기도 합니다. 다음은 관련 양성기관 정보입니다.

| 기관명 | 주소 | 연락처 |
| --- | --- | --- |
| 한국등산연합회 | 서울시 강서구 화곡로 258, 602호 | 02-2699-3636<br>www.ikma.or.kr |
| 대한산악협회 | 전라북도 전주시 완산구 전라감영로49(2층)<br>전라북도 전주시산악협회 | 063-221-2682<br>http://cafe.daum.net/jjkaf |
| 한국트레킹연맹 | 서울특별시 영등포구 국회대로 62길 9, 404호<br>(산림비전센터 4층) | 042-672-2749<br>www.komount.kr |
| 한국등산트레킹지원센터 | 대전광역시 대덕구 신상로 67(가양비래공원 내) | 042-672-2749<br>www.komount.kr |
| 한국산악회 | 경기도 의정부시 망월로 13번길 9 | 031-855-8848<br>http://cac.or.kr |

# PART II

# 암벽등반과 스포츠클라이밍

# 스포츠클라이밍,
# 기초 지식을 배워보자

# #1장
# 실내에서 즐기는
# 익스트림 스포츠

## 스포츠클라이밍이 시작된 배경

**능선보다 벽이 좋다!**

1786년, 인류 최초로 알프스산군의 최고봉 몽블랑 등정 이후 많은 산악인들은 알프스 산맥의 고봉들을 섭렵하기 시작했습니다. 이 시기에 암벽들을 넘어서기 위한 수단이 고안되었는데요. 1910년, 마우어하켄[*]과 카라비너[**]의 개발로 무대의 폭이 넓어졌고, 인간의 능력으로는 도저히 오를 수 없을 것만 같던 수직의 벽에 도전하기 시작합니다.

사람들은 벽을 오르는 즐거움을 알게 되었습니다. 스스로 선택한 어려운 과제를 해결해냈을 때 자아가 실현된다는 소중한 가치를 찾아낸 것이지요. 덕분에 '암벽등반'이라는 장르가 탄생했습니다.

초기에는 오르기 쉬운 암벽들을 섭렵하기 시작했어요. 보다 어려운 곳은 장비에 의존하여 오르고, 나중엔 장비에 의존하지 않고 자신의

---

[*]  마우어하켄(Mauerhaken): 등반에서, 바위틈이나 빙벽에 박는 쇠못. Mauer는 벽을 뜻한다.
[**]  카라비너(Karabiner): 암벽등반 때에 쓰는 고리 모양의 도구 즉, 바위틈에 하켄을 박고 하켄에 카라비너를 설치하여 확보(안전)지점을 만들 수 있는 것이다.

1960년대 산악교육 훈련을 위해 설립된 인공암벽장

기량만으로 오르는 행위가 유행했지요. 장비에 의존해서 오르던 인공등반을 하다가 장비에 의존하지 않고 자신의 기량과 기술로만 오르는 자유등반을 시작한 겁니다. 자유등반은 트레이닝으로 연마됩니다. 어려운 루트를 추구하다 보니 근력과 지구력 등의 체력관리가 난이도를 극복하는 필수 조건이 되었답니다.

등반가들은 어려운 루트를 오르기 위해 낮은 바위(볼더링)에서 트레이닝을 시작했어요. 벽에다 나무를 박아서 손끝의 힘을 기르는 훈련을 했습니다. 건물 벽에다 바위 모양의 홀드를 박아서 연습했지요. 합판에 홀드를 부착하면서 본격적으로 트레이닝이 시작되었고요. 오늘날의 스포츠클라이밍이 탄생한 것입니다.

### 왜 어려운 길을 오르는 거지?

산 정상에 그냥 쉽게 오르면 될 것을 왜 보다 어렵고, 보다 힘들게 오르려는 걸까요? 이유는 간단합니다. 게임을 생각해보세요. 게임은 규칙에 의해서 움직입니다. 규칙에 따라 과제를 완수하면 보상을 받잖아요? 마찬가지로 등반에서도 우리는 "과제를 달성했다는 성취"라는 보상을 추구하는 것입니다. 성취감은 인간만이 가지고 있는 욕구입니다. 인간이 가지고 있는 여러 가지 욕구 중 가장 최상위의 욕구는 자아실현이지요. 누구도 오르지 못한 저 산 정상에 서서, 산을 최초로 오른 산악인이 되는 꿈! 아무도 해내지 못한 일을 내가 해냈다는 짜릿한 성취 말입니다!

등반가들은 아무도 가지 않은 길을 찾다가 암벽을 오르기 시작했어요. 인간은 끝없는 변화를 추구합니다. 그 변화 추구가 오늘날 인간의 한계 극복인 스포츠클라이밍을 발달시켰습니다.

# 스포츠클라이밍의 발전

**인공암벽장의 탄생**

1940대 프랑스 산악인 가스통 레뷰파(Gaston Rebuffat)는 전문 산악인들을 교육하고 훈련시킬 목적으로 각목과 합판을 사용하여 인공암벽을 만들었어요. 이후 산악인들에 의해 전파되어 현재의 스포츠클라이밍으로 발전했습니다. 초기에는 암벽을 잘 오르는 법을 교육하는 목적으로 설치하였죠. 그 뒤로 누가 암벽을 더 잘 오르는지 기량을 겨루는 대회가 열렸습니다. 스포츠클라이밍의 선구자라 불리는 이반 안토니비치의 노력으로 세계 최초의 공식 암벽등반대회가 1947년 구 소련의 코카서스 서부지역 돔바이의 자연암장에서 개최되었어요. 대회루트를 수직등반, 하강, 그리고 수평등반으로 나누고 현재의 속도경기와 비슷하게 두 개의 루트를 합산하여 승부를 가렸습니다. 대회는 구소련의 산악협회에서 주관하였으며, 이 대회를 계기로 등반경기가 하나의 스포츠로 자리매김 할 수 있는 결과물로 탄생합니다.

그러나 자연바위의 특성상 등반루트 변화에 제약이 따랐습니다. 그

외에도 지리적 여건과 환경, 시간 및 공간적 제한 등이 대회를 진행하는 걸림돌로 작용했지요. 사람들은 점차 공간을 이동하면서 해결점을 찾았습니다. 산이 아닌 지상으로 이동한 것입니다. 인공으로 암벽장을 만들기 시작했지요.


## 암벽등반의 스포츠화

1968년 영국의 리즈대학 체육관에 최초로 인공암벽이 설치되었고, 1980년대 후반에 자연암벽과 유사한 홀드*와 인공패널이 개발되었어요. 그동안 대회를 치를 때 문제시되었던 공간적, 시간적, 그리고 환경적인 부분이 상당히 해결되었습니다. 리즈대학에 최초의 인공암벽이 세워진 이래 수많은 국제대회가 개최됐고, 1986년 보안블랭 대회에서는 처음으로 실내에 세워진 인공암벽에서 경기가 이루어졌습니다. 미국과 유럽을 중심으로 각 나라마다 인공암벽에서 대회가 열렸고요. 1987년 국제산악연맹(UIAA)에서는 등반대회에 관한 규정집을 제정해 제대로 된 스포츠클라이밍 대회 규칙이 생겼습니다.

우리나라에서는 1988년 5월 서초구에 인공암벽장이 국내 최초로 설치되었는데요. 이로써 국내에서도 인공암벽의 시대가 열렸습니다. 이듬해인 1989년에는 마산에 국내 최초의 실내암장이 등장했고요. 1990년에는 대한산악연맹이 주최한 제10회 전국암벽대회가 도봉산 청소년 수

---

* 등산에서 암벽을 올라갈 때 손으로 잡거나 발로 디딜 수 있는 곳을 말한다. 암벽에서 잡고 올라가는 홀드 모양의 틀을 만들어 화학물질(에폭시와 규사)을 배합하여 틀에 부어서 굳히는 방식으로 똑같이 만들어 사용하는 것을 인공 홀드라고 한다.

**영국 리즈대학의 최초 인공암벽장**

련원 인공암장에서 처음으로 개최되었습니다. 이전에는 실제 산악에서 실시했는데 말이에요. 산악인으로서 무척이나 가슴 벅찬 일이었습니다. 그 후로 제11회 대회부터는 전국 스포츠클라이밍 대회로 명칭이 바뀌었습니다. 이를 계기로 전국에 인공암벽장이 설치되기 시작했고 많은 대회가 개최되면서 본격적으로 스포츠클라이밍 선수들이 생겨나기 시작했습니다. 초기에는 '판때기'라고 비하하기도 했지만 이제는 국가 브랜드를 드높이는 스포츠클라이밍 선수로 인정받고 있답니다.

스포츠클라이밍 교육 현장

# #2장
# 스포츠클라이밍, 이것만큼은 알고 즐기자!

# 대회 방식

**볼더링 대회**

볼더링은 장비를 착용하지 않고, 높이 5미터 이하의 경기 벽에서 5~12개 이내의 홀드로 과제를 만듭니다. 여러 개의 과제를 주어진 시간 내에 완등 하면 만점을 받는 경기 방식이며 같은 완등이라 하더라도 시도횟수가 적은 선수가 우승하는 경기 방식입니다.

볼더링 대회

KOLON SPORT
(사)대한산악연맹
Korean Alpine Federation
제3회 고미영컵 전국 청소년
스포츠클라이밍대회
163
158

스피드 경기

리드 경기

## 리드 경기

리드 경기장의 국제규격은 수직 높이 15미터 이상, 벽면 길이 12미터 이상으로 규정합니다. 출전 선수는 안전벨트를 착용하고, 벽면에 설치되어 있는 퀵 드로*에 로프를 걸면서 정해진 시간 내에 누가 더 높은 곳까지 오르느냐를 겨룹니다.

## 스피드 경기

스피드는 15미터 높이의 규정된 경기벽 상단에 로프를 걸어놓고 확보자의 보조 하에 빠른 속도로 오르는 경기를 말합니다.

---

* 퀵 드로(quick draw): 웨빙에 재봉 박음질을 하여 양 끝에 고리를 만들어 카라비너를 끼울 수 있도록 만든 러너. 퀵 드로는 이름 그대로 확보물에 로프를 신속하게 연결하기 위해 만든 용구다.

# 대회 일정

**IFSC 스포츠클라이밍대회 개최 일정(2016년 기준)**

| 기간(매년) | 대회명 | 종목 |
| --- | --- | --- |
| 5.17 | 센트럴 사니치 월드컵(캐나다) | 스피드 |
| 5.30~31 | 토론토 월드컵(캐나다) | 볼더링 |
| 6.5~6 | 배일 월드컵(미국) | 볼더링 |
| 6.20~21 | 총칭 월드컵(중국) | 볼더링, 스피드 |
| 6.26~27 | 하이양 월드컵(중국) | 볼더링, 스피드 |
| 7.10~12 | 샤모니 월드컵(프랑스) | 리드, 스피드 |
| 7.17~18 | 뷔양송 월드컵(프랑스) | 리드 |
| 7.31~8.1 | 임스트 월드컵(오스트리아) | 리드 |
| 8.14~15 | 뮌헨 월드컵(독일) | 볼더링 |
| 8.21~22 | 스타방거 월드컵(노르웨이) | 리드 |
| 8.28~9.6 | 아르코 세계청소년 선수권대회(이탈리아) | 볼더링,스피드,리드 |
| 9.26~27 | 푸루스(Puurs) 월드컵(벨기에) | 리드 |
| 10.10~11 | IFSC 월드컵(한국) | 리드, 스피드 |
| 10.17~18 | 우이장 월드컵(중국) | 리드, 스피드 |
| 11.14~15 | 크란 월드컵(슬로베니아) | 리드 |

## 국내 스포츠클라이밍대회 개최 일정(2016년 기준)

| 일시 | 대회명 | 종목 |
| --- | --- | --- |
| 2.28~3.1 | SPOEX2015 스포엑스컵 클라이밍 페스티벌 | 볼더링 |
| 3.29 | 영남청소년볼더링대회 | 볼더링 |
| 4.19 | 제3회 부산 스포츠클라이밍 페스티벌 | 리드 |
| 4.26 | 제4회 난나 스포츠클라이밍대회 | 리드 |
| 5.2~3 | 제6회 고미영컵 전국 청소년 스포츠클라이밍대회 | 리드, 스피드 |
| 5.9~10 | 2015아디다스컵 제35회 전국 스포츠클라이밍 선수권대회 | 리드, 스피드, 볼더링 |
| 5.30~31 | 제28회 부산광역시장배 금정 스포츠클라이밍대회 | 리드 |
| 7.25 | 사하구청소년대회 | 리드 |
| 7.26 | 제12회 경상북도 스포츠클라이밍 선수권대회 | 리드, 스피드 |
| 8.30 | 제11회 대구시장배 전국 스포츠클라이밍대회 | 리드 |
| 9.12~13 | 제18회 서울특별시장기 스포츠클라이밍대회 | 리드 |
| 9.12~13 | 2015 예스구미 전국 스포츠클라이밍대회 | 리드, 스피드 |
| 9.19 | 제5회 라스포티바배 전국 학생 친선 스포츠클라이밍대회 | 리드 |
| 9.20 | 제16회 전국 장년부 친선 스포츠클라이밍대회 | 리드 |
| 9.19~20 | 제23회 노스페이스컵 전국 스포츠클라이밍대회 | 볼더링 |
| 10.3~4 | 제24회 회장배 청소년 스포츠클라이밍대회 | 리드, 스피드 |
| 10.3~4 | 2015 울주군 전국 스포츠클라이밍대회 | 볼더링 |
| 10.9 | 디스커버리 ICN 페스티벌 | 볼더링 |
| 10.11 | 제6회 대구 국제 스포츠클라이밍대회 | 리드, 스피드 |
| 10.11 | 제4회 목포시장배 스포츠클라이밍대회 | 리드, 스피드 |
| 10.17~18 | 제96회 전국체육대회 산악 스포츠클라이밍 | 리드, 스피드 |
| 10.24 | 제3회 엄홍길 청소년 스포츠클라이밍대회 | 리드 |
| 10.25 | 제27회 우정 스포츠클라이밍대회 | 리드 |
| 10.31~11.1 | 2015 대구광역시 생활체육 스포츠클라이밍대회 | 리드, 스피드 |
| 10.31~11.1 | 3RD 진안 볼더링세션 | 볼더링 |
| 11.8 | 2015 전판성 호남 스포츠클라이밍 동호인대회 | 리드 |
| 12.6 | 제4회 대구광역시 산악연맹 회장배 볼더링대회 | 볼더링 |
| 12.13 | 2015 대구북구생활체육연맹회장배 볼더링대회 | 볼더링 |

(출처: 대한산악연맹 http://new.kaf.or.kr)

대한체육회에서 개최하는 각종 대회에 출전하려면 대한체육회 홈페이지를 통해 먼저 선수 등록을 해야 합니다. 동호인끼리 모여 기량을 겨루는 대회에 참가할 때에는 굳이 선수 등록을 하지 않아도 괜찮습니다. 그러나 전국 규모로 열리는 대회에 나가기 위해서는 반드시 사전 선수 등록을 해야 해요. 그래야만 출전이 가능합니다.

국제대회에 나가고 싶다고요? 안타까운 일이지만 아무리 마음과 의지가 충만하다고 해도 무조건 출전이 가능한 건 아니랍니다. 국제대회의 경우에는 각 선수들이 국내선수권대회에서 어느 정도 성적을 올렸는지 검토하여 성적을 합산합니다. 이렇게 하면 자연스레 각 선수들의 순위가 나오는데요. 이 순위를 바탕으로 참가 자격을 부여하는 것입니다. 즉, 우수한 성적을 거둔 상위권 선수들에게 국제대회에 참가할 수 있는 자격을 주는 것입니다.

대한체육회 산악종목 시도별 선수 등록 현황(2015년 기준)

(단위: 명)

| 순번 | 시도 | 초등부 | | | 중학부 | | | 고등부 | | | 대학부 | | | 실업(일반) | | | 합 계 | | |
|---|---|---|---|---|---|---|---|---|---|---|---|---|---|---|---|---|---|---|---|
| | | 남 | 여 | 계 | 남 | 여 | 계 | 남 | 여 | 계 | 남 | 여 | 계 | 남 | 여 | 계 | 남 | 여 | 계 |
| 1 | 서울 | 4 | 9 | 13 | 7 | 7 | 14 | 38 | 10 | 48 | 5 | 6 | 11 | 107 | 45 | 152 | 161 | 77 | 238 |
| 2 | 부산 | 9 | 3 | 12 | 3 | 3 | 6 | 0 | 1 | 1 | 6 | 1 | 7 | 80 | 37 | 117 | 98 | 45 | 143 |
| 3 | 대구 | 0 | 1 | 1 | 2 | 0 | 2 | 7 | 4 | 11 | 11 | 6 | 17 | 29 | 19 | 48 | 49 | 30 | 79 |
| 4 | 인천 | 1 | 0 | 1 | 1 | 2 | 3 | 5 | 4 | 9 | 0 | 0 | 0 | 42 | 22 | 64 | 49 | 28 | 77 |
| 5 | 광주 | 1 | 1 | 2 | 2 | 0 | 2 | 7 | 2 | 9 | 6 | 0 | 6 | 28 | 19 | 47 | 44 | 22 | 66 |
| 6 | 대전 | 0 | 0 | 0 | 0 | 1 | 1 | 0 | 0 | 0 | 0 | 0 | 0 | 49 | 28 | 77 | 49 | 29 | 78 |
| 7 | 울산 | 3 | 1 | 4 | 1 | 2 | 3 | 2 | 0 | 2 | 0 | 0 | 0 | 32 | 8 | 40 | 38 | 11 | 49 |
| 8 | 세종 | 0 | 0 | 0 | 0 | 0 | 0 | 0 | 0 | 0 | 0 | 0 | 0 | 16 | 8 | 24 | 16 | 8 | 24 |
| 9 | 경기 | 7 | 14 | 21 | 6 | 6 | 12 | 18 | 12 | 30 | 0 | 5 | 5 | 103 | 67 | 170 | 134 | 104 | 238 |
| 10 | 강원 | 1 | 5 | 6 | 0 | 0 | 0 | 7 | 6 | 13 | 1 | 1 | 2 | 166 | 69 | 235 | 175 | 81 | 256 |
| 11 | 충북 | 0 | 0 | 0 | 2 | 1 | 3 | 4 | 3 | 7 | 5 | 0 | 5 | 21 | 7 | 28 | 32 | 11 | 43 |
| 12 | 충남 | 5 | 3 | 8 | 3 | 1 | 4 | 4 | 0 | 4 | 4 | 3 | 7 | 33 | 10 | 43 | 49 | 17 | 66 |
| 13 | 전북 | 1 | 0 | 1 | 5 | 2 | 7 | 3 | 1 | 4 | 0 | 0 | 0 | 25 | 7 | 32 | 34 | 10 | 44 |
| 14 | 전남 | 1 | 0 | 1 | 1 | 0 | 1 | 3 | 0 | 3 | 1 | 0 | 1 | 40 | 13 | 53 | 46 | 13 | 59 |
| 15 | 경북 | 4 | 3 | 7 | 2 | 5 | 7 | 29 | 14 | 43 | 2 | 0 | 2 | 101 | 33 | 134 | 138 | 55 | 193 |
| 16 | 경남 | 2 | 4 | 6 | 4 | 2 | 6 | 5 | 3 | 8 | 4 | 1 | 5 | 38 | 20 | 58 | 53 | 30 | 83 |
| 17 | 제주 | 0 | 0 | 0 | 0 | 0 | 0 | 8 | 1 | 9 | 4 | 1 | 5 | 12 | 5 | 17 | 24 | 7 | 31 |
| 총계 | | 39 | 44 | 83 | 39 | 32 | 71 | 140 | 61 | 201 | 49 | 24 | 73 | 922 | 417 | 1339 | 1189 | 578 | 1767 |

(출처: 대한산악연맹 http://new.kaf.or.kr)

## 대한체육회 산악종목 시도별 팀 등록현황(2015년 기준)

(단위: 명)

| 순번 | 시도 | 초등부 | | 중학부 | | | | 고등부 | | | | 대학부 | | | | 실업(일반) | | | | 합 계 | | | |
|---|---|---|---|---|---|---|---|---|---|---|---|---|---|---|---|---|---|---|---|---|---|---|---|
| | | 혼성 | 계 | 남 | 여 | 혼성 | 계 | 남 | 여 | 혼성 | 계 | 남 | 여 | 혼성 | 계 | 남 | 여 | 혼성 | 계 | 남 | 여 | 혼성 | 계 |
| 1 | 서울 | 9 | 9 | 1 | 0 | 11 | 12 | 9 | 1 | 7 | 17 | 0 | 0 | 6 | 6 | 0 | 0 | 31 | 31 | 10 | 1 | 64 | 75 |
| 2 | 부산 | 9 | 9 | 0 | 1 | 4 | 5 | 0 | 1 | 0 | 1 | 0 | 0 | 4 | 4 | 0 | 0 | 13 | 13 | 0 | 2 | 30 | 32 |
| 3 | 대구 | 1 | 1 | 0 | 0 | 1 | 1 | 4 | 1 | 4 | 9 | 0 | 0 | 2 | 2 | 0 | 0 | 17 | 17 | 4 | 1 | 25 | 30 |
| 4 | 인천 | 1 | 1 | 2 | 1 | 0 | 3 | 2 | 0 | 1 | 3 | 0 | 0 | 0 | 0 | 1 | 0 | 8 | 9 | 5 | 1 | 10 | 16 |
| 5 | 광주 | 2 | 2 | 0 | 0 | 2 | 2 | 0 | 0 | 6 | 6 | 0 | 0 | 2 | 2 | 0 | 0 | 6 | 6 | 0 | 0 | 18 | 18 |
| 6 | 대전 | 0 | 0 | 0 | 0 | 1 | 1 | 0 | 0 | 0 | 0 | 0 | 0 | 0 | 0 | 0 | 0 | 6 | 6 | 0 | 0 | 7 | 7 |
| 7 | 울산 | 4 | 4 | 0 | 0 | 2 | 2 | 0 | 0 | 2 | 2 | 0 | 0 | 0 | 0 | 0 | 0 | 5 | 5 | 0 | 0 | 13 | 13 |
| 8 | 세종 | 0 | 0 | 0 | 0 | 0 | 0 | 0 | 0 | 0 | 0 | 0 | 0 | 0 | 0 | 0 | 0 | 3 | 3 | 0 | 0 | 3 | 3 |
| 9 | 경기 | 13 | 13 | 0 | 1 | 10 | 11 | 0 | 2 | 19 | 21 | 0 | 1 | 3 | 4 | 0 | 0 | 28 | 28 | 0 | 4 | 73 | 77 |
| 10 | 강원 | 5 | 5 | 0 | 0 | 0 | 0 | 1 | 3 | 4 | 8 | 0 | 0 | 2 | 2 | 0 | 0 | 21 | 21 | 1 | 3 | 32 | 36 |
| 11 | 충북 | 0 | 0 | 2 | 1 | 0 | 3 | 1 | 2 | 1 | 4 | 0 | 0 | 3 | 3 | 0 | 0 | 9 | 9 | 3 | 3 | 13 | 19 |
| 12 | 충남 | 6 | 6 | 1 | 0 | 2 | 3 | 1 | 0 | 2 | 3 | 1 | 0 | 2 | 3 | 1 | 0 | 5 | 6 | 4 | 0 | 17 | 21 |
| 13 | 전북 | 1 | 1 | 0 | 0 | 3 | 3 | 1 | 0 | 2 | 3 | 0 | 0 | 0 | 0 | 0 | 0 | 10 | 10 | 1 | 0 | 16 | 17 |
| 14 | 전남 | 1 | 1 | 0 | 0 | 1 | 1 | 1 | 0 | 2 | 3 | 0 | 0 | 1 | 1 | 0 | 0 | 11 | 11 | 1 | 0 | 16 | 17 |
| 15 | 경북 | 6 | 6 | 0 | 1 | 5 | 6 | 1 | 2 | 6 | 9 | 0 | 0 | 2 | 2 | 0 | 0 | 22 | 22 | 1 | 3 | 41 | 45 |
| 16 | 경남 | 3 | 3 | 4 | 1 | 1 | 6 | 1 | 2 | 2 | 5 | 0 | 0 | 3 | 3 | 0 | 0 | 13 | 13 | 5 | 3 | 22 | 30 |
| 17 | 제주 | 0 | 0 | 0 | 0 | 0 | 0 | 0 | 0 | 2 | 2 | 0 | 0 | 3 | 3 | 0 | 0 | 7 | 7 | 0 | 0 | 12 | 12 |
| 총계 | | 61 | 61 | 10 | 6 | 43 | 59 | 22 | 14 | 60 | 96 | 1 | 1 | 33 | 35 | 2 | 0 | 215 | 217 | 35 | 21 | 412 | 468 |

(출처 : 대한산악연맹 http://new.kaf.or.kr)

# 심판, 루트세터, 국제 심판 및 루트세터가 되는 법

**심판이 되려면?**

심판이 되려면 일정한 자격 조건을 갖추어야 합니다. 무엇보다 대한산악연맹 가맹 단체에서 5년 이상 활동해야 해요. 물론 만 20세 이상 성인을 대상으로 뽑습니다. 대한체육회 선수 등록자로 3년 이상, 위원회에서 운영(코리안컵시리즈대회 포함)하는 전국규모대회에 참가한 기록도 보유해야 하고요. 시도연맹의 추천도 받아야 합니다.


**루트세터가 되려면?**

루트세터는 선수들이 오르는 루트를 만드는 일을 하는 사람입니다. 예선루트, 준결승루트, 결승루트 등 각각의 어려움을 홀드의 위치와 크기를 배열해서 선수들이 기량을 겨루어 순위를 정할 수 있는 기준을 만들어내는 사람들입니다.

대한산악연맹 가맹 단체에서 5년 이상 활동한 회원은 루트세터가 될 수 있습니다. 온사이트<sup>*</sup> 5.12a<sup>**</sup> 이상 등반이 가능해야 하며, 3년 이상 대한체육회에 선수로 등록한 자격이 있어야 해요. 위원회에서 운영(코리안 컵시리즈대회 포함)하는 전국규모 대회 선수로 10회 이상 참가한 경력도 있어야 하고 루트세터 또한 시도연맹 추천을 받아야 합니다.

이게 끝이 아니에요! 신규 교육 후 평가 점수의 80% 이상 득한 자에 한하여 2회의 실기 교육 자격을 부여합니다. 그 후, 대한산악협회 주최·주관 대회를 통한 평가로 루트세터 자격이 임명됩니다. 루트세터 교육은 매년 1회 실시합니다.

### 심판 및 루트세터 현황

| 구분 | 루트세터 | 심판 |
| --- | --- | --- |
| 총인원 | 51 | 78 |
| 국내 1급 | 26 | 35 |
| 국내 2급 | 24 | 52 |
| UIAA 국제(Ice climbing) | 3 | 1 |
| IFSC 국제(Sport climbing) | 1 | 0 |
| IFSC 대륙_아시아(Sport climbing) | 1 | 2 |

(단위: 명, 출처: 대한산악연맹 http://new.kaf.or.kr)

---

* 온 사이트(on sight): 루트에 대한 사전 정보나 지식 없이 루트를 한눈에 보고 단 한 번의 시도로 확보물을 설치하며 추락 없이 선등하여 완등 하는 것.

** 요세미티 십진법 등급 체계(YDS; Yosemite Decimal System): 미국의 요세미티 지역에서 사용하는 암벽등반 등급체계이다. 유럽의 등급체계도 있지만 우리나라는 요세미티 등급체계를 많이 사용한다. 등반의 난이도는 1급에서 5급으로 구분하고 있으며, 5,6급부터 본격적으로 암벽등반을 시작하게 되는 난이도이다. 5,9급 정도는 일반 사람들도 어느 정도 오를 수 있지만 5,12a의 난이도는 본격적인 트레이닝을 하지 않은 사람은 오를 수 없는 정도의 상급 난이도이다.

**국제 심판 및 루트세터가 되려면?**

IFSC(국제스포츠클라이밍연맹)에서 주관하는 언어 및 실기와 필기 테스트에 통과해야 합니다. 필기에서는 스포츠클라이밍 교육 내용을 점검받고, 실기에서는 루트세팅 능력을 테스트 받습니다. 조금 더 자세히 알아볼까요?

국제심판 및 국제루트세터가 되려면 국내 1급 자격을 보유해야 하며, 2년 이상의 경력이 인정되어야 ICC가 개최하는 강습회에 참가할 수 있습니다. 국제심판 및 국제루트세터 지원자는 영어로 규정을 이해하고 다른 사람들과 의사소통을 해야 하므로 적정 수준의 영어 능력을 갖추어야 합니다. 강습회 참가 후 국제대회에 2회 이상 참가하면, 대회의 심판장 또는 루트세터장이 ICC에 실적과 행적을 보고하는데요. 이에 따라 ICC가 자격을 수여합니다.

# #3장
# 스포츠클라이밍!
# 누구나 할 수 있고,
# 효과를 볼 수 있다

# 청소년에게 미치는 영향과 각 연령별 효과

**청소년에게 미치는 영향**

스포츠클라이밍의 장점은 남녀노소 구분 없이 누구나 즐길 수 있다는 것입니다. 어린아이부터 나이 드신 분에 이르기까지 함께 즐기면서 소통할 수 있지요. 또한 서로 시너지 효과를 봅니다. 물론 나이 드신 분들보다 청소년들이 빠르게 실력이 늘어요. 중장년층은 그런 청소년들에게 도움을 구하지요. 칭찬도 하면서요! 청소년들은 어른들한테 칭찬을 받아 기분이 좋아지고, 사람들을 도우면서 자존감도 자랍니다.

청소년 시기는 상당히 혼란스럽습니다. 아동이 아닌 청년의 단계로 넘어가기 위한 과도기적 시기라 그런데요. 이 기간 동안 신체적으로나 사회적으로 많은 변화가 이루어집니다. 정체성을 확립하느라 극심한 혼란을 겪기도 하고, 타인의 시선과 평가에 극도로 예민해지기도 합니다. 인정 욕구도 강하게 표출되지요. 또래 집단이나 교우 관계에서도 많은 혼란을 겪고요. 이런 욕구 불만은 단순히 교우관계와 인맥으로 잘 해결되지 않습니다. 자존감을 회복해야만 정서적으로 안정되고 행복한 청소년 시기를 보낼 수 있지요.

자존감을 충족해줄 수 있는 방법 중 하나가 스포츠클라이밍입니다. 스포츠클라이밍은 정서 안정에 매우 효과적입니다. 학교 폭력 및 일탈의 주요 원인이 되는 학업에서 오는 스트레스, 긴장, 공격성, 욕구불만, 좌절 등으로 표현되는 파괴 본능을 건강하고 효과적으로 방출할 수 있게 도와줍니다. 또한 오르는 과정에서 어떤 홀드를 어떻게 잡을지 고민하면서 판단 능력도 기를 수 있습니다. 발 위치를 선정하면서 밸런스 감각과 사고력, 고도의 집중력도 향상시킬 수 있고요. 스포츠클라이밍에서 강조하는 규칙 준수와 스포츠맨십을 통해 자신을 통제하고 수양하는 법도 배웁니다. 서로의 안전을 확보해주는 빌레이(로프 조작 기술)는 신뢰와 협동의 중요성을 알게 해주지요. 결과적으로 타인을 존중하고 배려하는 인간성을 회복하는 데 큰 도움이 됩니다.

**운동별 칼로리 소모량 구분**(몸무게 70kg 기준)

| 운동종류 | 칼로리Kcal(소모량/시간당) |
| --- | --- |
| 스포츠클라이밍 | 588 |
| 테니스 | 493 |
| 볼링 | 211 |
| 에어로빅 | 457 |
| 골프 | 317 |

(출처: American College of Sports Medicine)

## 성인에게도 좋아

이지은(2013)[*] 선생은 일찍이 스포츠클라이밍 동호인과 일반인의 건강 체력 수준을 비교·분석한 적이 있습니다. 그의 연구에 따르면 스포츠클라이밍은 근력, 평형성 그리고 심폐지구력을 향상시킵니다. 심지어 인슐린 저항성[**]을 개선시키고, 체력 연령을 낮추는 데 효과적이라 합니다. 뿐만 아니라 중년 여성들은 스포츠클라이밍을 통해 골다공증을 예방하고 우울증에서 치료 효과를 얻을 수 있다고 합니다. 중년 남성들은 오십견[***]을 예방할 수 있고요.

---

[*] 이지은(2013): 중년 여성 스포츠클라이밍 동호인과 일반인의 건강 체력 수준의 비교분석. 석사학위 논문. 경희대학교 대학원.

[**] 인슐린 저항성(IR: insulin resistance): 혈당을 낮추는 인슐린의 기능이 떨어져 세포가 포도당을 효과적으로 연소하지 못하는 것을 말한다.

[***] 오십견(伍十肩, adhesive capsulitis of shoulder, frozen shoulder): 유착성 관절낭염(癒着性關節囊炎)이라고도 한다. 어깨 관절주머니에 염증이 생겨 뻣뻣하게 되면서 움직임에 상당한 제한을 주고 만성 통증을 유발시키는, 통증을 주는 장애 질환으로 병인은 알려져 있지 않다.

# 스포츠클라이밍의 매력

**아찔함과 짜릿함의 세계**

중력을 거슬러 오르내리는 유연한 몸놀림은 전신근육에 최대 자극을 줍니다. 홀드 하나에 온 신경을 집중해 목표 지점까지 도달했을 때의 성취감은 머릿속의 잡념을 없애주지요. 처음에는 공포감을 느낄 수도 있지만 자꾸 반복해서 오르다 보면 오히려 짜릿함을 즐기게 됩니다. 벽을 오를 때의 긴장감, 스트레스, 불안을 극복하는 과정에서 성취감과 자기 만족감이 더욱더 증가합니다. 학업에서 오는 중압감에 시달리는 청소년, 만성피로와 스트레스에 시달리는 직장인과 자신감을 상실한 중년들이 스포츠클라이밍을 즐기는 이유이지요. 전신운동을 하게 되므로 다이어트에 효과적이며, 정신적인 치유에도 상당한 도움을 줍니다.

사진제공: 대한산악연맹

## 몰입의 즐거움과 성취감

처음으로 15미터짜리 커다란 인공암벽에 서면 어떨까요? 당연히 두려움부터 앞서겠지요. 첫 번째 홀드를 지나 더 높이 오르다 보면 떨어질 수 있다는 긴장감이 엄습해옵니다. 하지만 한 동작 한 동작에 집중하면 평상시 느낄 수 없던 순간몰입에 빠져들어요. 이것이 바로 스포츠클라이밍이 주는 매력입니다.

그 몰입의 맛을 알게 되면 어떤 일을 할 때에 극도의 집중력을 발휘할 수 있습니다. 이 악물고 버티면서 젖 먹던 힘까지 쓰며 올라가다 아래를 내려다봤을 때 어떤 기분이 들까요? 지금까지 느끼지 못했던 짜릿함을 맛보게 마련입니다. 마지막 홀드를 잡을 땐 다 올라왔다는 성취감을 만끽하고요. 성취감에 취해 내려오게 되면 다시 올라가고 싶다는 자신감이 생겨납니다. 자신감은 일상의 어려움을 피해가지 않고 꾸준

사진제공: 대한산악연맹

194

히 노력하는 삶을 살아가는 원동력이 되는데요. 살면서 누구나 벽에 부딪히는 순간을 마주할 때가 있잖아요? 피할 수도 돌아갈 수도 없는 거대한 난관의 벽을 넘어서는 강인한 정신을 기를 수 있는 운동이 바로 스포츠클라이밍입니다.

## 전신근육 발달 및 집중력과 판단력 증진

스포츠클라이밍은 마구잡이로 올라가는 것이 아닙니다. 세터가 루트를 세팅한 곳을 오르는 것이지요. 루트를 만들 때는 일부러 근력, 지구력, 창의력이 발휘되게 세팅합니다. 아울러 평소에 쓰던 근육만 가지고는 올라갈 수 없도록 세팅되지요. 평소 쓰지 않던 근육을 사용해 신체를 발달시키는 겁니다.

발끝으로 체중의 중심을 이동하고, 손끝으로 당기는 근육을 사용합니다. 때문에 퇴행성 질환 또는 근골격계 손상을 예방하는 데 도움이 됩니다. 스포츠클라이밍은 손끝과 발끝을 사용해서 오르지만 손끝과 발끝까지 이어지는 전완, 가슴, 등, 복근, 허벅지, 종아리 등의 근육들을 함께 발달시켜 행동 체력이 좋아집니다. 스포츠클라이밍은 고도의 집중력과 균형감각을 요구해 감각신경계와 운동신경계를 포함한 중추신경계를 강화해줍니다. 홀드 모양에 따라 이동을 어떻게 해야 할 것인가를 고민하다 보면 자연히 판단력도 길러지고요.

## 인간관계가 형성되며 인간성이 회복된다

스포츠클라이밍은 실내와 야외에서 두루 즐길 수 있습니다. 준비물은 초크와 암벽화입니다. 3미터 이내의 높이에서 지구력과 강한 근력으로 암벽을 타지요. 위험성이 전혀 없고 추락하더라도 바닥에 매트리스를 깔아놓았기 때문에 부상을 방지할 수 있어요. 스포츠클라이밍은 일정한 과제를 해결하는 스포츠입니다. 자신의 한계를 극복하고 기량을 향상할 목적으로 운동하는 것이니까요. 물론 이 점 때문에 지극히 개인적인 운동으로 생각하기 쉽습니다만, 전혀 그렇지 않아요.

스포츠클라이밍은 비슷한 수준의 사람들끼리 암벽 앞에 모여들면서 시작됩니다. 서로 시범을 보이며 과제를 풀어나가고요. 어떻게 올라가는 게 효율적인지, 어디서 어떤 홀드를 잡을 것이지, 어떤 자세가 좋은

사진제공: 일산 더클라이밍센터

사진제공: 대한산악연맹

지 서로 조언하고 연구하면서요. 그러다 보면 어느새 끈끈한 동료애가 형성됩니다.

야외에 설치되어 있는 인공암벽은 높이 15미터의 수직벽부터 오버행과 천정으로 구성됩니다. 외벽에서는 높은 곳을 오르기 때문에 추락에 대비하는 장비를 사용하지요. 2인 1조로 팀을 짜는데, 한 사람은 등반하고, 한 사람은 지면에서 로프를 잡아줘요. 지면에 있는 사람은 안전을 도모하는 것인데요. 등반 기술도 중요하지만 더욱 중요한 사항은 장비(장비착용, 매듭, 빌레이[*])를 사용할 줄 알아야 한다는 점입니다. 장비

---

[*]  빌레이(belay): 등반하는 사람의 안전을 위하여 로프를 조작하는 기술. 확보의 개념.

197

를 착용할 줄 모르고, 매듭도 하지 못하고, 빌레이를 볼 줄 모른다면 파트너로 선택될 수 없습니다. 정확한 기술을 숙지해야 파트너에게 신뢰를 주기 때문입니다. 언제든 추락해도 밑에서 안전하게 잡아준다는 믿음이 있다면 과감한 동작으로 등반할 수 있습니다. 만약 믿음이 없다면 신경 쓸 게 많아져요. 할 수 있는 동작도 적어지고 시간도 더 많이 걸립니다.

장비 사용법은 사람과 사람의 관계를 형성해줍니다. 지면에서 등반자를 지켜보면서 자세를 알려주기도 하고, 격려해서 실력 향상에 도움도 줍니다. 자연스레 함께하는 사람과의 유대가 자라나지요.

# #4장
# 스포츠클라이밍에 필요한 장비와 기술

# 스포츠클라이밍 장비

### 암벽화

등반할 때 착용하는 등반 전용 슈즈입니다. 홀드를 딛고 일어서야 하므로 발에 딱 밀착할 수 있어야 해요. 신발 바닥은 아슬아슬한 위치에서도 미끄러지지 않게 고무창으로 덧대어 있습니다. 암벽화는 스포츠클라이밍에서 가장 기본적인 준비물입니다. 그만큼 자신의 수준에 맞게 암벽화를 잘 선택해야 합니다.

암벽화는 벨크로와 끈으로 묶습니다. 실내에서 등반할 때는 수시로 벗었다 신기 편한 벨크로가 좋아요. 장시간 등반해야 하는 자연암벽에서는 끈으로 묶는 방식의 신발이 좋습니다. 암벽화의 사이즈는 발가락이 편안하게 펴질 수 있는가를 기준으로 삼습니다.

## 로프

로프 또는 자일이라고 부릅니다. 로프의 종류
는 다이나믹로프와 스테틱로프로 구분됩니
다. 다이나믹로프는 등반용 로프입니다. 등반
자가 발을 헛디뎌 추락할 경우, 로프가 고무
줄처럼 늘어나 사고를 방지하지요. 로프가 인
체의 충격을 감소시켜 조금이라도 다치지 않
게 하기 위해 착용합니다. 반면, 스테틱로프는
단단하고 잘 늘어나지 않습니다. 같은 굵기의

다이나믹로프보다 2~30% 강도가 높아요. 그래서 하강하거나 동굴을
탐사할 때 자주 씁니다.

## 퀵드로

퀵드로는 웨빙 혹은 슬링*의 양쪽에 카라비너
를 걸어놓은 장비입니다. 로프를 연결하는데
훨씬 용이하도록 도움을 주지요. 길이는 보통
12센티미터와 17센티미터를 많이 사용하고 있
습니다.

---

* 웨빙(webbing) 혹은 슬링(sling): 나일론과 폴리에스테르 성질로 이루어진 벨트로, 신축성이 강하며
마찰과 무게에 잘 버티는 벨트

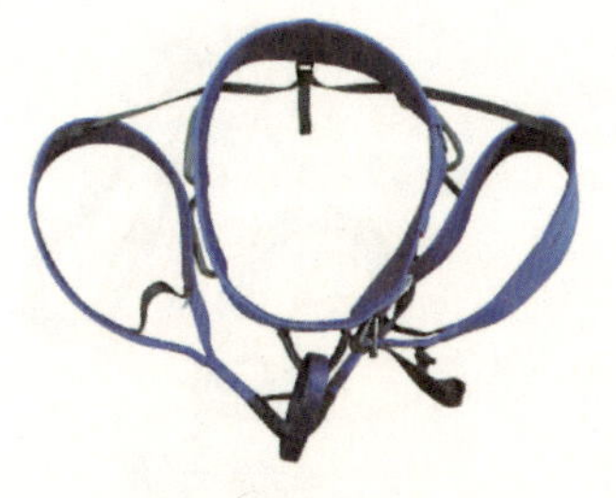

### 안전벨트

로프는 안전벨트와 연결하여 추락시 충격을 방지해줍니다. 로프를 몸에 연결해주는 안전벨트 또한 중요하지요. 안전벨트는 상단벨트와 하단벨트로 나뉩니다. 상단벨트는 가슴과 골반을 감싸는 것이며, 하단벨트는 골반만 감싸는 것인데 암벽등반과 스포츠클라이밍을 할 때는 상단벨트는 불편해서 사용하지 않습니다. 주로 산업용으로 사용합니다. 거벽등반과 같은 특별한 상황을 제외하고는 일반적으로 하단벨트를 많이 사용합니다. 벨트는 또 자연암벽용, 고산등반용이 있지요. 자연암벽용은 추락이 자주 발생하기 때문에 허리패드가 두껍고, 고산용은 이것보단 두껍지 않아요.

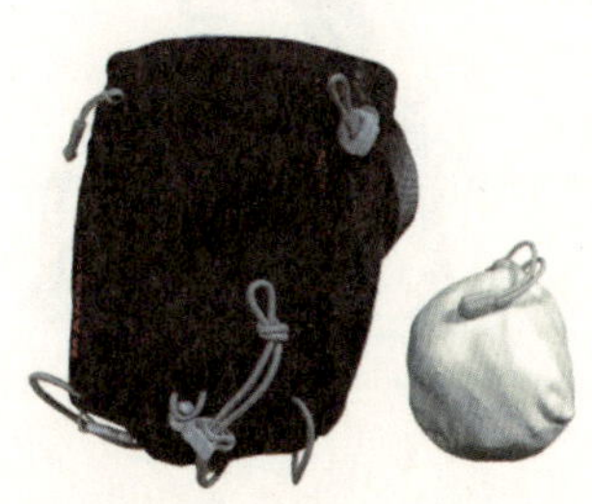

### 초크

등반 중 손에 땀이 났을 때 사용하는 하얀 가루입니다. 탄산마그네슘으로 만들어졌지요. 미끈미끈한 땀을 제거하고 손과 암벽의 마찰력을 높여줍니다. 초크를 가지고 다니는 가방(초크백)에 손을 넣어 바릅니다. 크럭스*에서 초크백에 손을 넣으면 마음의 여유를 찾을 수 있어요. 초크는 등반에 활력을 불어넣어줍니다. 가루형 이외에 액상형 초크도 있습니다.

---

* 크럭스(crux) : 등반자가 오르고 있는 암벽등반의 코스 중 가장 어려운 부분을 말한다.

### 확보기

등반 중에 추락했을 때 로프에 마찰을 이용해
제동해주는 장비를 '확보기'라 합니다. 확보기의
대표적인 장비로는 8자가 있고, 튜브형, 자동 확
보기도 있습니다. 어느 형태의 확보기를 사용하
든 모두 정확한 사용방법을 숙지해야 합니다.

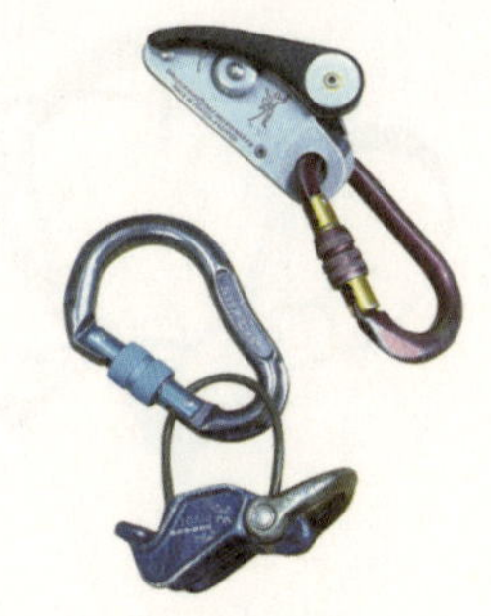

### 자기확보 줄

자기확보는 등반에서 가장 우선시됩니다. 자기
자신이 먼저 안전하게 확보가 되어야 동료도 안
전하게 확보할 수 있거든요! 자기확보 줄은 자기
자신의 안전을 확보해주는 장비입니다. 자기확보
줄은 안전벨트에 연결하여 다른 확보 지점에 설
치해서 매달릴 수 있습니다. 확보 줄의 종류는
자동 확보 줄과 데이지체인 또는 멀티체인이 있
는데 각각 용도가 다르니 면밀히 살펴보고 사용
하세요.

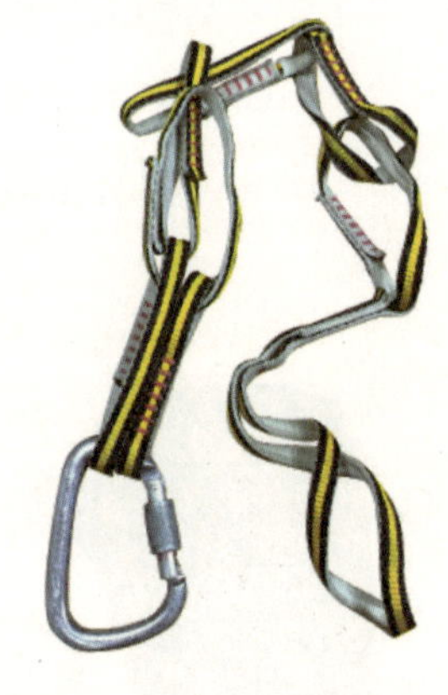

### 카라비너

카라비너는 등반 중 다양한 용도로 사용할 수 있어요. 안전 확보에 중
요한 장비랍니다. 카라비너는 긴 쪽으로 2,000킬로그램, 짧은 쪽으로

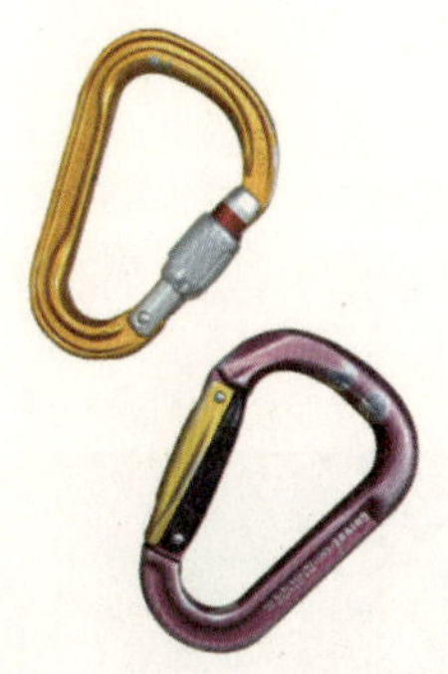

400킬로그램 이상의 힘을 견딜 수 있지요. 또 여닫는 곳이 열린 상태에서 긴 쪽으로 600킬로그램 이상의 강도를 견딜 수 있습니다. 카라비너 몸체에 UIAA, 또는 CE 마크가 새겨진 것을 사용하는 것이 현명해요. 다른 곳에서 제작된 카라비너는 어느 무게까지 견딜 수 있는지 알기 힘들거든요.

카라비너는 종류도 다양합니다. O형 카라비너는 많은 장비를 걸어두는 용도로 사용합니다. D형 카라비너는 등반 중에 로프유통과 퀵 드로 용으로 사용하고요. 클로브히치 매듭*이 유통 가능한 HMS 카라비너 도 있습니다.

---

* 클로브히치(clove hich) 매듭: 물건을 로프로 고정시킬 때 사용하는 매듭

**삼 지점 자세**

스포츠클라이밍에서 기초가 되는 자세입니다. 걷기의 연장이라고 생각하면 됩니다. 팔의 힘으로 올라가는 자세가 아닌, 발로 딛고 일어서는 기술이지요. [사진1]과 같이 팔을 쭉 펴고 다리를 굽힐 수 있는 위치에 올려두세요.

체중을 발끝에 가득 싣고요. 이때 손에서부터 아래로 쭉 이어지는

삼 지점 자세1

삼 지점 자세2

직선을 머릿속으로 그려봅시다. 직선을 중심으로 왼발과 오른발은 대칭되는 곳에 있어야 합니다. 내가 잡고 있는 홀드의 직선에 발을 딛게 되면 중심이 열리려 하는데, 이를 헛간문 현상이라 합니다. [사진1]과 같은 자세에서 올라가야 한다면 발을 조금 더 올린 다음 구부러진 무릎을 펴주면 올라가는 자세로 변합니다. [사진2]의 자세에서 손은 편 상태로 발을 올려 딛고 일어서면 처음처럼 올라가는 자세가 되지요.

**측면 이동 자세**

암벽등반 시 옆으로 이동하는 것을 '측면이동'이라고 합니다. [사진1]은 왼쪽으로 이동하기 위해 오른쪽 발을 펴면서 신체의 중심을 왼발 쪽으로 이동을 시켜주고 있는 자세입니다. 이 자세에서 [사진3]처럼 구부러진 왼쪽 발을 펴면서 일어나 왼쪽 손을 멀리 뻗어 홀드를 잡고 왼쪽 손을 중심으로 발을 이동하는 것입니다. [사진2]는 오른쪽으로 이동하기 위한 자세입니다. 오른손을 중심으로 발을 이동하여 일어선 자세에서 발을 올려 딛고 구부린 자세가 되면 [사진1]과 같은 자세가 되고 [사진4]와 같이 일어서게 됩니다.

**발 자세**

엄지발가락을 정면으로 홀드를 딛게 되면 '토잉'이라 합니다. 엄지발가락 안쪽 가장자리로 홀드를 딛는 것은 '인사이드 에징'이지요. 암벽화의 바깥쪽 가장자리로 홀드를 딛는 것을 '아웃사이드 에징'이라 합니다.

측면 이동 자세1

측면 이동 자세2

측면 이동 자세3

측면 이동 자세4

토잉

인사이드 에징

아웃사이드 에징과 인사이드 에징 자세

토잉과 인사이드 에징 자세

## 손 자세

손가락 끝이 조금 걸리는 아주 작은 홀드나 모서리
에 각이 진 홀드를 '크림프 홀드'라고 합니다. '버티
컬 그립'은 크림프 홀드를 잡는 기술이지요. 손가락
을 홀드에 모두 붙여주고 엄지로 검지를 덮어 누르
는 자세입니다. 이렇게 손가락을 붙여주면 부상을
예방하고 손가락의 힘을 모을 수 있습니다.

**오픈 그립:** 벙어리 형태의 홀드를 잡을 때 사용합니다.
손가락을 구부리지 않고 편 상태로 잡습니다. 손가락
전체를 홀드에 밀착시켜 마찰력을 발생시키지요.

**핀치 그립:** 책장에 책을 잡아 빼듯이 잡는 자세입니다. 엄지와 나머지 네 손가락이 모아지는 힘을 이용한 동작인데요. 손가락을 트레이닝하기 위해 쓰이기도 합니다. 그만큼 이 자세를 취하는 데 손가락 힘이 많이 소모됩니다.

**포켓 홀드:** 손가락을 구멍에 집어넣고 당기는 홀드로, 석회암이나 화산암 등 구멍이 많은 암벽에서 사용합니다. 주로 검지나 중지를 구멍에 넣어 오르는 그립 특성상 엄지를 사용할 수 없기에 손가락 부상의 위험 때문에 초보는 이를 사용하지 않는 것이 좋습니다.

**랩:** 손잡이 크기의 말뚝처럼 튀어나온 크기의 홀드를 잡는 방법입니다. 방망이 잡듯이 손가락 모두와 손바닥으로 감싸듯이 걸쳐야 해요.

**언더클링:** 아래쪽으로 향해 있는 홀드를 걸어 올리듯이 잡는 방법입니다. 손은 당기고 발을 밀어줘서 쌍방으로 힘이 작용합니다. 이때 발을 손하고 가깝게 올리면 올릴수록 홀드를 잡기가 편해져요. 하지만 그럴 때 힘은 많이 소모되는 동작이지요.

# #5장
# 스포츠클라이밍
# 센터 운영

"산에서는 모든 조건이 매일매일 다르다.

그리고 모두가 동시에 산을 오르는 것도 아니다.

그러므로 최고의 산악인들의 랭킹 리스트란 있을 수가 없다."

-라인홀드 매스너

# 어떤 사람들이 운영할까?

### 클라이밍에 매료된 사람들

스포츠클라이밍센터를 운영하는 센터장은 모두 클라이밍에 매료된 사람들입니다. 돈보다는 클라이밍이 정말 좋아서 본인의 운동 공간을 마련하고 산을 떠나지 않으려고 운영하지요. 과거에는 스포츠클라이밍센터를 인공암벽장 또는 암장이라 불렀는데요. 1세대 암장 운영자들은 암벽등반가들이었어요. 서울 노량진 암장을 운영하던 박현규, 동대문구 용두동에선 이근택 등이 암장 운영자 1세대입니다. 이후 수유동에 정승권 암장과 손정준 암장, 조규복 암장 등이 생겼습니다. 이분들이 국내 암장 운영의 기틀을 세웠고, 이후 전국적으로 암장이 번져나갔습니다.

### 전문가 그룹인 선수들

지금은 스포츠클라이밍 선수들이 스포츠클라이밍센터를 많이 운영합니다. 대표적으로 국내 유일의 5.15급 클라이머 손상원 선수와 월드컵 세계 1위 김자인 선수가 있지요. 손상원 선수는 스페인 슈라나 지역의 '라 람블라' 루트를 완등한 유능한 선수입니다. 김자인 선수 또한 국제적인 클라이밍 대회에서 우승한 경력이 많은 실력가고요. 이들이 센터를 운영하면서 스포츠클라이밍의 저변이 넓어졌습니다.

**자격증을 취득한 사람들**

선수는 아니지만 기량이 훌륭한 클라이머들이 운영하는 센터도 있습니다. 산악 관련 자격증을 취득한 센터장들도 있고요. 센터를 운영하기 위해서 자격증이 반드시 필요한 것은 아니지만 회원들에게 신뢰감을 심어주려면 경력과 자격을 갖춘 편이 유리합니다. 예를 들어 국가대표 경력을 가진 사람들, 즉 루트세터 자격, 심판 자격, 국제루트 자격과 국제심판 자격을 가진 사람은 실력을 충분히 검증받은 분들이지요. 그 외에 산악연맹 등산교육원의 등산강사 자격을 취득한 사람, 다시 말해 등반 경력과 해외원정 경력을 인정받아 검정자격을 획득한 사람들도 센터 운영이 가능합니다. 사실 검정자격에 필요한 검정내용은 정말 만만치 않습니다. 암벽등반 능력 실기 테스트와 빙벽등반 실기 테스트를 거쳐야 하고, 엄격한 필기와 구술 테스트도 통과해야 하거든요. 어찌 보면 산악자격으로는 최고의 자격이라 할 수 있어요. 참고로 국가자격으로는 전문지도자 자격과 생활체육 자격이 있습니다.

# 운영 프로그램

**프로그램 개요**

스포츠클라이밍 프로그램은 센터마다 다릅니다. 하지만 공통점도 있지요. 초급, 중급, 상급 정도로 분류해서 프로그램을 적용하거든요. 매월 첫 주 개강하는 강습은 기초반, 중급반, 고급반, 주말반, 청소년반, 선수반, PT로 세밀하게 구분되어 있습니다. 각 센터의 상황에 따라 시간대별로 운영되고요. 두 번째 프로그램 표를 보면 초급자 A, B, C가 같은 시간대에 프로그램을 운영하는 것을 알 수 있는데요. 그만큼 강사들이 많다는 뜻입니다. 강습 기간은 1개월부터 3개월 단위로 주 2회~4회까지 프로그램이 준비되어 있습니다. 3개월 단위로 프로그램을 운영하는 것은 최소한 3개월을 수강해야만 스포츠클라이밍에 적합한 신체 변화를 이룰 수 있기 때문입니다. 가격은 운영자들의 의해서 결정됩니다.

## 교육프로그램 및 이용요금

| 구분 | 기간 | 강습비(원) |
|---|---|---|
| 초급반-레벨 1,2 | 1개월(주 2회 월,수/화,목/토) 1시간 | 90,000 |
| 중급반-레벨 1,2 | 1개월(주 2회 월,수/화,목/토) 1시간 | 90,000 |
| 상급반-레벨 1,2,3 | 1개월(주 2회 월,수/화,목/토) 1시간 | 110,000 |
| PT | 3개월(주 2회 월,수/화,목/토) 2시간 | 600,000 |
| 학생반-레벨 1,2,3 | 1개월(주 2회 월,수/화,목/토) 1시간 | 50,000 |

| 정기회원권 | | | 10회 이용쿠폰 : 120,000 | | |
|---|---|---|---|---|---|
| 구분 | 1일 | 1개월 | 3개월 | 6개월 | 12개월 |
| 일반 | 15,000 | 110,000 | 300,000 | 540,000 | 960,000 |
| 학생 | 10,000 | 90,000 | 240,000 | 420,000 | 600,000 |
| 운영시간 월~금 : 오전 10:00에서 오후 11:00/ 토~일 : 오전 10:00에서 오후 08:00 | | | | | |

(기존 스포츠클라이밍센터에서 운영하는 프로그램을 재구성한 것)

## 교육프로그램 및 이용요금

| 강습반 | | 요일 | 시간 | 이용료(1개월) | 강습료(1개월) | 비고 |
|---|---|---|---|---|---|---|
| 초급반 | A | 월/목 | 10:30~11:50 | 100,000 | 80,000 | 주4회 이용 가능 |
|  | B | 월/목 | 18:30~19:50 |  |  |  |
|  | C | 월/목 | 20:30~21:50 |  |  |  |
|  | D | 화/금 | 10:30~11:50 |  |  |  |
|  | E | 화/금 | 18:30~19:50 |  |  |  |
| 중급반 | A | 화/금 | 20:30~21:50 | 100,000 | 100,000 |  |
| 고급반 | AA | 수 | 19:00~20:20 | 100,000 | 120,000 |  |
|  |  | 토 | 15:00~16:20 |  |  |  |
| 청소년 | A | 월/목 | 17:00~18:00 | 없음 | 100,000 |  |
|  | B | 화/금 | 17:00~18:00 |  |  |  |
| 자율학습 | 성인 | 운영시간 내 |  | 100,000 | 없음 |  |
|  | 학생 | 운영시간 내 |  | 80,000 |  |  |
| 일일 자율학습 | 당일 |  |  | 15,000 |  |  |
|  | 체험 | 오토빌레이2코스 |  | 5,000 |  |  |
| 회원할인 | 이용료 3개월 등록(5%), 6개월 등록(10%), 12개월 등록(15%) | | | | | |

(기존 스포츠클라이밍센터에서 운영하는 프로그램을 재구성한 것)

# 전국 스포츠클라이밍센터 정보

스포츠클라이밍을 배울 수 있는 곳은 아래와 같습니다. 전국적으로 생각보다 많은 센터가 운영되고 있으므로 관심이 있는 사람은 거주지에서 가까운 곳을 찾아가기 바랍니다.

## 서울특별시

| 센터명 | | 주소 | 전화번호 / 홈페이지 |
| --- | --- | --- | --- |
| 클라임이모션 | 강남구 | 논현로 76길 27 | 02-552-2532<br>cafe.naver.com/climbemotion |
| 더탑 클라이밍 (대청점) | | 삼성로 133길 8 | 02-423-8848<br>cafe.daum.net/climbthetop |
| 락스타 클라이밍 (2호점) | | 학동로 2길 56 | 010-2187-8889<br>www.rockstarclimbing.co.kr |
| 헤라스포츠 클라이밍센터 | | 선릉로 131길 4 | 02-544-2311<br>herasports.kr |
| 자스 클라이밍짐 | | 압구정로 118 향원빌딩 | 02-3445-5014<br>jasclimbing.tumblr.com |
| 비블럭어반 | | 언주로 726 두산빌딩 | 02-547-5838<br>www.b-bloc.co.kr |
| V10 클라이밍짐 | 강동구 | 올림픽로 588 | 02-482-2015<br>blog.naver.com/v10climbing |
| 강동 청소년 인공암벽장(외벽) | | 구천면로 395 | 02-481-7088<br>3388.gd.go.kr/index.html |
| 강동 클라이밍짐 | | 천호대로 1178 | 070-8828-8848<br>cafe.daum.net/coodclimbing |

| 다이노월 | 강북구 | 도봉로 356 | 02-900-4312<br>cafe.daum.net/dynowall |
| 코오롱등산학교 | | 삼양로 173길 52 | 02-990-0202<br>www.kolonschool.com |
| 난나 인공암벽장(외벽) | | 삼양로 54길 68 | 02-6715-6600<br>nanna.seoul.kr/xe/sub0600_01 |
| 정승권 등산학교 | | 수유로 69 | 02-990-5014<br>www.chungsclimbing.com |
| 강서 한강공원 인공암벽장<br>(외벽) | 강서구 | 양천로 27길 279-23 | 02-3780-0621<br>hangang.seoul.go.kr/archives/2991 |
| 강서 클라이밍센터 | | 공항대로 284 | 02-3662-0138<br>cafe.daum.net/gangseoclimbing |
| 인클라이밍 | 관악구 | 남부순환로 1951 | 010-5558-0013<br>cafe.daum.net/inclimbing |
| 버티고 클라이밍짐 | 광진구 | 천호대로 611 | 02-446-6111<br>vertigogym.modoo.at |
| 비터스윗코리아 | | 구의강변로 106 | 02-456-4455<br>www.bisko.co.kr |
| 뚝섬 인공암벽(외벽) | | 강변북로 68 | 02-3780-0521<br>hangang.seoul.go.kr/archives/2267 |
| 조규복 클라이밍센터 | | 자양번영로 69 | 02-454-5014<br>cafe.daum.net/jgbclimbingcenter |
| 버디 클라이밍 | 구로구 | 고척동 중앙로15길 87 | 010-2926-7479<br>www.facebook.com/<br>buddyclimbinggym |
| 행복한 클라이밍세상 | | 고척로 30길 15 | 070-4417-2629<br>cafe.daum.net/climbingw |
| sector-bbouldering gym | 금천구 | 남부순환로 1314-22 | 02-6264-6911<br>www.sector-b.net |
| 위 클라이밍센터 | 노원구 | 동일로 241길 53 | 010-4935-8985<br>cafe.daum.net/we-climbingcenter |
| 이창현노원 클라이밍센터 | | 상계로 98 3층 | 02-935-0515<br>cafe.daum.net/nowonclimbing |
| 차병원 클라이밍센터 | | 동일로173가길 42 | 02-977-5014<br>blog.daum.net/manyama |
| 당고개 인공암벽장(외벽) | | 상계동 산151-1 | 02-950-3918<br>cafe.daum.net/nowonrock |
| 스파이더스 | | 동일로 174길 37-8<br>제일빌딩 | 02-741-0837<br>cafe.naver.com/spidersclimbing |

| 동대문클라이밍센터 | 동대문구 | 서울시립대로 45 | 02-3394-5014<br>cafe.naver.com/ddmclimbingcenter |
|---|---|---|---|
| 노량진클라이밍센터 | 동작구 | 장승배기로 27길 7 | 02-821-5824<br>cafe.daum.net/climbinggym |
| 애스트로맨 클라이밍센터 | 마포구 | 성산동 동교로 23길 105 | 02-325-4787<br>www.astroman.co.kr |
| 캔디 클라이밍 |  | 서강로 106 | 02-2039-1820<br>www.candyclimb.com |
| 김승욱 클라이밍짐 |  | 창전로 12 | 02-715-5015<br>www.facebook.com/climb.ksw |
| 써미트클라이밍센터 |  | 신촌로 24안길 14 | 02-713-4677<br>cafe.daum.net/summitclimbing |
| 코알라클라이밍센터 |  | 월드컵북로 396 | 070-7733-4768<br>www.koalaclimbing.com |
| gate one climbing | 서초구 | 신반포로 45 | 070-8883-8850<br>www.gate1climbing.com |
| 하프돔 |  | 바우뫼로 43길 46 탑마인드 | 070-7563-8552<br>cafe.naver.com/halfdomeclimbing |
| MCC 실내암벽클럽 |  | 방배천로 6길 38-1 | 02-583-1257<br>cafe.daum.net/mindclimbingclub |
| 더 클라이밍 |  | 서초대로 46길 65 | 02-6407-8848<br>cafe.naver.com/theclimbinggym |
| K2 C&F | 성동구 | 성수이로 22길 60 | 02-3408-9400<br>www.k2cnf.com |
| 응봉산 인공암벽등반 공원 (외벽) |  | 응봉동 독서당로 60길 13-1 | 02-2286-6061<br>www.sd.go.kr |
| 손정준 클라이밍연구소 |  | 옥수동 한림말 5길 25 | 02-2297-5014<br>koreason.com/xe/about |
| 경동 유재원클라이밍센터 | 성북구 | 삼선동3가 50-2 | 02-928-0387<br>cafe.daum.net/kdycc |
| 클라이밍 클럽 더탑 | 송파구 | 오금로 18길 5 | 02-423-8848<br>cafe.daum.net/loveclimb |
| 락스타 클라이밍 |  | 백제고분로 435 | 02-418-884<br>8www.rockstarclimbing.co.kr |
| 스마트 클라이밍짐 |  | 송파대로 30길 39 | 070-7750-5962<br>cafe.daum.net/smartclimbinggym |
| 에이스클라이밍센터 | 영등포구 | 구대림로 142 | 02-836-8848<br>cafe.daum.net/indooraceclimb |
| 서종국클라이밍센터 |  | 양평로 22길 7-1 | 010-4750-4291<br>cafe.naver.com/dolgym |

| 센터명 | 구 | 주소 | 전화번호 / 홈페이지 |
| --- | --- | --- | --- |
| 다오름 클라이밍짐 | 양천구 | 등촌로 200 | 02-2676-1932<br>cafe.daum.net/seojongkukclimbing |
| 써니사이드 | 은평구 | 은평로 160 206호 | 010-3332-8131<br>cafe.daum.net/ssunnyside |
| 비스포레 스포츠센터 | | 통일로 78길 7 | 02-350-2500<br>www.bsporet.co.kr |
| TCC 더코아 클라이밍센터 | 종로구 | 삼일대로 386 | 02-2269-5659<br>www.facebook.com/<br>thecoreclimbing |
| 아트 클라이밍센터 | | 종로 31길 54 | 02-765-0764<br>cafe.daum.net/artclimbing |
| 권영세클라이밍센터 | 중구 | 서애로 5길 21 | 02-2275-5015<br>cafe.daum.net/hexagym |
| 도권's 클라이밍짐 | 중랑구 | 용마산로 115길 65 | 02-977-5333<br>cafe.naver.com/dokwons |
| 중랑 스포츠 클라이밍 경기장<br>(외벽) | | 용마산로 250-12 | 02-2094-1862<br>www.jungnang.go.kr |

## 경기도

| 센터명 | 시 | 주소 | 전화번호 / 홈페이지 |
| --- | --- | --- | --- |
| 더 홀드 샵 | 고양시 | 덕양구 대장길 56-39 | 031-967-5015<br>blog.naver.com/theholdshop |
| 어울림 누리체육센터 | | 덕양구 어울림로 33 | 031-960-0300<br>cafe.daum.net/ching97 |
| 세이브존 스포츠센터 | | 덕양구 화정로 52 세이브존 | 031-930-9300<br>blog.naver.com/szfitness |
| SK 클라이밍 센터(일산점) | | 일산동구 일산로 286번길 13-5 | 031-906-8986<br>cafe.daum.net/skclimingcenter |
| 더클라임 | | 일산동구 정발산로 23 | 031-905-5014<br>www.facebook.com/gym.theclimb |
| 일산 클라이밍센터 | | 일산동구 중앙로 1123 | 031-904-5015<br>cafe.daum.net/ilsan-climbing |
| 일산 올림픽클라이밍센터 | | 일산동구 중앙로 1182 | 031-900-1777<br>cafe.daum.net/shimhyunheok |
| 해피볼더 | | 일산서구 대산로 223번길 8-20 | 031-921-8848<br>cafe.daum.net/happyboulder |
| 고양 인공암벽장(외벽) | | 일산서구 중앙로 1601 | 031-919-8407<br>daehwa.gys.or.kr |

| 시설명 | 지역 | 주소 | 연락처 / 홈페이지 |
| --- | --- | --- | --- |
| 광명 인공암벽장(외벽) | 광명시 | 오리로 703 | 02-2680-2888<br>gym.gm.go.kr/site/gym/main.do |
| 매드짐실내 인공암벽장 | | 하안동 범안로 1008 | 02-809-5014<br>cafe.naver.com/sportclimbing |
| 경기 광주클라이밍센터 | 광주시 | 역동로 29 | 010-5356-4011<br>cafe.naver.com/climbingcenter |
| UNBOUND | 구리시 | 오포읍 창뜰윗길 6번길 26 | 031-798-2627<br>unbound.kr |
| M2클라이밍 구리점 | | 응달말로 52번길 48 | 031-557-5055<br>cafe.daum.net/suwonm2 |
| 조규복 클라이밍센터 (별내점) | 남양주시 | 불암산로 47 | 02-454-5014<br>cafe.daum.net/jgbclimbingcenter |
| 무브온 클라이밍 | | 오남읍 진건오남로 580번길 5-3 | 031-510-1610<br>cafe.daum.net/moveonclimbing |
| 팍스 클라이밍센터 | 부천시 | 소사로 680 | 032-684-1722<br>cafe.daum.net/parksclimbing |
| 부천 클라이밍센터 | | 원미구 부일로 300 | 032-655-870<br>cafe.daum.net/bcscc |
| 타이거 볼더 | | 원미구 부흥로 307번길 52 | 032-328-5015<br>cafe.daum.net/tigerboulder |
| 월드 클라이밍 | | 원미구 상동로 90 | 070-8886-5151<br>cafe.daum.net/worldclimbing |
| 손상원 클라이밍짐 | 성남시 | 분당구 대왕판교로 670 | 031-739-8332<br>sswclimbing.com |
| B 클라이밍 | | 분당구 백현로 144번길 29-1 | 031-715-6158<br>cafe.daum.net/b---club |
| 판교 인공암벽장(외벽) | | 분당구 운중로 225번길 37 | 031-729-7890<br>www.bundang-gu.go.kr |
| 성남 스파이더 | | 중원구 둔촌대로 106 | 031-753-8848<br>cafe.daum.net/snspider |
| 성남 스포츠 클라이밍센터 | | 중원구 산성대로 80번길 18 | 031-756-0282<br>sportsclimbing.net |
| M2클라이밍클럽 | 수원시 | 장안구 장안로 47 | 031-244-9333<br>cafe.daum.net/suwonm2 |
| 수원 PRC | | 권선구 정조로 538 | 010-7774-5667<br>cafe.daum.net/prcclimbing |
| 수원 광교 인공암벽장(외벽) | | 영통구 광교호수로 57 | 070-8800-2460<br>www.gglakepark.or.kr |
| 플러스 클라이밍짐 | | 영통구 효원로 400 탑프라자 7층 | 031-202-8709<br>cafe.daum.net/plusclimbing |

| 킹콩 클라이밍 | 수원시 | 팔달구 경수대로 575 | 031-233-7467<br>cafe.daum.net/climbingcenter |
| 수원 클라이밍센터 | | 팔달구 월드컵로 357번길 23-18 | 031-8025-2016<br>cafe.daum.net/sclimb |
| 크럭스존 | | 팔달구 인계로 63 | 031-234-5621<br>cafe.daum.net/cruxzonesuwon |
| 저스트 클라이밍센터 | 시흥시 | 복지로 96 | 031-315-4940<br>cafe.daum.net/justclimb |
| 시흥 클라이밍센터 | | 신천로 68번길 27 | 031-318-8848<br>cafe.naver.com/siheungclimbing |
| 안산 베이스캠프 클라이밍 | 안산 | 단원구 광덕2로 185-20 | 031-439-8848<br>cafe.daum.net/sanbase |
| 안산 클라이밍센터 | | 단원구 다리간로 14 | 031-405-5013<br>cafe.daum.net/ansanclimbing |
| 안산 화랑유원지 인공암벽장 | | 단원구 동산로 268 | 031-481-7007<br>www.iansan.net |
| 안산 락클라이밍 | | 상록구 용신로 381 | 031-501-8848<br>cafe.daum.net/ansanrockclimbing |
| 안양 김종헌 클라이밍센터 | 안양시 | 동안구 경수대로 721번길 23 | 031-427-0780<br>cafe.daum.net/jhclimbing |
| 클라임홀릭 | | 동안구 인덕원로 30번길 18 | 031-422-1708<br>cafe.naver.com/climbingholic |
| 아람 클라이밍짐 | | 만안구 만안로 199 | 031-449-2208<br>cafe.daum.net/aramclimbing |
| 양주 클라이밍센터 | 양주시 | 화합로 1345 | 031-847-8872<br>cafe.daum.net/yangjucc |
| 오산 클라이밍 | 오산시 | 오산로 336 | 031-373-8661<br>cafe.daum.net/zmffkdlald |
| 수지 클라이밍 | 용인시 | 수지구 포은대로 499 | 031-281-7426<br>engram.co.kr |
| 스포츠 클라임크럭스존 | 의왕시 | 계원대학로 22오남프라자6층 | 031-429-8849<br>cafe.daum.net/cruxzone |
| 클럽 샤모니 | 의정부시 | 시경의로48 | 010-3762-1081<br>cafe.daum.net/clubshamony |
| 의정부 클라이밍센터 | | 승지로4 | 010-6338-3802<br>cafe.daum.net/ujbclimbing |
| 설봉 공원인공암벽장(외벽) | 이천시 | 경충대로 2709번길 152 | 031-644-4302<br>tour.icheon.go.kr |

| 이천 굿클라이밍센터 | 이천시 | 어재연로15 | 031-634-8729<br>cafe.daum.net/goodclimbings |
| 이천 몽키클라이밍센터 | | 이섭대천로 1294 | 010-5504-5015<br>cafe.daum.net/bacchus5015 |

## 인천광역시

| 센터명 | 주소 | 전화번호 / 홈페이지 |
| --- | --- | --- |
| 인천 계양클라이밍센터 | 계양구 계산시장길 19 | 032-554-5014<br>cafe.daum.net/choysun65 |
| 인천 문학경기장인공암벽장(외벽) | 남구 매소홀로 618 | 032-200-7571<br>www.sksports.net |
| 클라이밍 줌 | 남구 주승로 188 | 032-431-8984<br>cafe.daum.net/climbingzoom |
| 인천 만수클라이밍센터 | 남동구 담방로 22-16 | 0010-7164-3398<br>cafe.daum.net/sunshine5014 |
| 인천 구월클라이밍센터 | 남동구 용천로 87 | 032-466-5015<br>cafe.daum.net/guwallcc2014 |
| 부평 클라이밍센터 | 부평구 부흥로 293번길 22 | 011-9725-5477<br>cafe.daum.net/bpcc |
| 인천 베스트 클라이밍 | 부평구 평천로 324 | 032-214-5013<br>cafe.daum.net/bestclimbing |
| 서인천 클라이밍 | 서구 가정로 374 | 032-572-8847<br>cafe.daum.net/ching97 |
| 21세기 휘트니스 | 서구 대평로 11-1 | 032-563-2329<br>blog.naver.com/21cfitness |
| 디스커버리클라이밍 스퀘어 ICN | 서구 완정로 70 5층 | 032-715-5014<br>cafe.daum.net/discoveryclimbing |
| 인천 클라이밍센터 | 연수구 비류대로 599 | 032-817-5014<br>cafe.daum.net/InCle |

| 센터명 | 주소 | 전화번호 / 홈페이지 |
| --- | --- | --- |
| 더하트 | 금정구 금강로 231 | 010-9343-0230<br>cafe.daum.net/heartgym |
| 두 클라이밍(정관점) | 기장군 정관읍 곰내길 654-170 | 010-6778-8733<br>cafe.daum.net/doclimbing/ |
| 문현 클라이밍센터 | 남구고동골로70 | 010-7746-7576<br>cafe.daum.net/pmsob1 |
| 두클라이밍짐(경성대점) | 남구 용소로19번길 10 | 010-3518-9557<br>cafe.daum.net/doclimbing/ |
| 김다랑스포츠 클라이밍센터 | 동구 범일로 76 | 010-8500-4563<br>cafe.naver.com/drclimb |
| 패밀리 클라이밍센터 | 동래구 아시아드대로181번길 12 | 010-9310-3218<br>cafe.daum.net/familyclimbing |
| 락 오디세이(동래-안락동) | 동래구 안남로31번길 6 | 010-9785-8890<br>cafe.daum.net/rockodyssey |
| 락 오디세이(서면-동의대) | 진구가야대로563번길31 | 010-4190-4592<br>cafe.daum.net/rockodyssey |
| 와우 클라이밍 | 진구 서전로37번길 18 | 010-4036-1118<br>cafe.naver.com/wowclimbinggym |
| SO클라이밍짐 화명점 | 북구 금곡대로303번길 61 | 010-3279-4444<br>cafe.daum.net/sohun10 |
| 덕천 생활체육공원 인공암벽장(외벽) | 북구 만덕대로 65번길 | 051-309-4885<br>culture-ice.bsbukgu.go.kr |
| 락 오디세이(하단-동아대) | 사하구 낙동대로 498 | 010-4915-5158<br>cafe.daum.net/rockodyssey |
| 록파티 클라이밍 | 사하구 낙동대로398번길 14 | 010-3080-5193<br>cafe.daum.net/BSrockparty |
| 어썸 클라이밍짐 | 수영구 수영로 777 | 010-2578-3763<br>asclimbing.alltheway.kr/ |
| 금련산 청소년수련원인공암벽장(외벽) | 수영구황령산로156 | 051-625-0709<br>www.busan.go.kr |
| 부산 클라이밍(연산점) | 연제구 쌍미천로151번길 18 | 051-867-8848<br>cafe.daum.net/busanclimbing |
| 클럽 스파이더 | 중구 대영로 224 | 010-4108-7055<br>cafe.naver.com/cspider/ |
| 피크 클라이밍 | 중구 보수대로 82 | 010-5558-2834<br>cafe.naver.com/peakclimbinggym |

| | | |
|---|---|---|
| BBC | 금정구 식물원로44번길12 | 016-559-6814<br>cafe.daum.net/bigwallcs |
| 부산 클라이밍(해운대점) | 해운대구 좌동로 104 | 051-758-4339<br>cafe.daum.net/busanclimbing |
| 빅월 | 진구 서전로57번길 47 | 051-807-6185<br>cafe.daum.net/bigwallcs |

## 대구광역시

| 센터명 | 주소 | 전화번호 / 홈페이지 |
|---|---|---|
| 핸즈 클라이밍짐 | 남구 이천로 34 | 053-761-0636<br>cafe.daum.net/handsclimbing |
| 점프 클라이밍짐 | 달서구 구마로 190 | 053-626-5012<br>cafe.daum.net/jumpclimbing |
| M 클라이밍(이곡점) | 달서구 달구벌대로 1346 | 070-8911-6040<br>www.mclimbing.com |
| 몬스터 클라이밍짐 | 달서구 상원로 184-8 | 010-5177-2442<br>cafe.daum.net/Monstergym |
| 락토피아 클라이밍짐 | 달서구 상인서로 8-5 | 053-582-0430<br>cafe.daum.net/kssb156 |
| M 클라이밍(남대구점) | 달서구 월곡로 100안길 24-1 | 053-212-9500<br>www.mclimbing.com |
| 다사 클라이밍짐 | 달성군 다사읍 대실역북로 1길 29-3 | 010-4502-6702<br>cafe.daum.net/DaSaClimb |
| 델타클라이밍 | 동구 동촌로 31-1 | 053-982-3303<br>cafe.daum.net/deltaclimbing |
| 펀앤펀 클라이밍센터 | 동구 안심로 366 | 010-5419-5452<br>cafe.daum.net/funfunclimb |
| 팔공산 인공암벽장(외벽) | 동구 팔공산로 199길 6-1 | 053-980-0314<br>www.daegu.go.kr/Palgongpark |
| Go 클라이밍센터 | 북구 동북로 288 | 010-9378-2829<br>cafe.daum.net/daegugoclimbing |
| 나이너 클럽 | 북구 동천로23길 8 | 010-4456-8447<br>cafe.daum.net/ninerclub |
| 벽클라이밍스쿨 | 북구 중앙대로 617 | 053-351-1217<br>cafe.daum.net/wellclimbing |
| 칠곡 클라이밍센터 | 북구 칠곡중앙대로 379 | 010-4033-2747<br>cafe.daum.net/1climbing |

| 락 클라이밍센터 | 북구 팔달로 199 | 010-3533-7394<br>cafe.daum.net/ROCKClimbing |
|---|---|---|
| 광장 클라이밍 | 서구 달구벌대로 1719 | 053-562-8848<br>cafe.daum.net/to8848/ |
| 위드 클라이밍센터 | 서구 서대구로 8길 6 | 010-2517-5180<br>cafe.daum.net/withclimbing5.14 |
| 파워 클라이밍센터 | 수성구 달구벌대로 467길 13 | 053-743-8850<br>www.powerclimbing.org |
| 챌린져 클라이밍 | 수성구 달구벌대로 631길 6 | 053-794-3918<br>cafe.daum.net/chgcc |
| 락매니아 | 수성구 용학로 198 | 053-782-7711<br>cafe.daum.net/climbmania |
| LK 클라이밍 | 수성구 화랑로 92 | 010-6566-4717<br>cafe.daum.net/lkclimbing |
| 동성로 클라이밍짐 | 중구 동성로 10-1 | 053-257-7979<br>cafe.daum.net/ClimbingGYM |

## 충청북도

| 센터명 | | 주소 | 전화번호 / 홈페이지 |
|---|---|---|---|
| 충주 락 클라이밍클럽 | 충주시 | 용산로 5-1 | 010-7603-0677<br>cafe.daum.net/climbingCJ |
| 청주 타기클라이밍센터 | | 상당구 단재로 293 | 043-284-5014<br>cafe.daum.net/tagymania |
| 마루 클라이밍센터 | | 서원구 경신로 33 | 043-264-5014<br>cafe.daum.net/marooclimb |
| 다오름 실내암벽 | 청주시 | 청원구 공항로 101 | 043-217-1900<br>cafe.daum.net/dolgym |
| 청주 오르다 | | 흥덕구 복대로 185 | 070-4144-0123<br>cafe.daum.net/cj-Orda |
| 톺아 클라이밍센터 | | 의림대로 71 | 010-7475-8848<br>cafe.daum.net/jecheontopaclimb |
| 제천 청풍랜드<br>인공암벽장(외벽) | 제천시 | 청풍면 교리 산26 | 043-641-4871<br>www.bigbungee.com |

## 충청남도

| 센터명 | 주소 | | 전화번호 / 홈페이지 |
|---|---|---|---|
| 논산 클라이밍센터 | 논산시 | 시민로 295번길 8-20 | 010-9346-0301<br>cafe.daum.net/nonsanclimbing |
| 논산 청소년수련관 인공암벽<br>(외벽) | | 취암동 논산대로 410 | 041-746-5925<br>youth.nonsan.go.kr |
| 고릴라 클라이밍 | 서산시 | 서해로 3443 | 041-665-9511<br>cafe.daum.net/gorillaclimbing |
| 서산 클라이밍센터 | | 율지3로1 | 010-8898-7538<br>cafe.daum.net/ourclimbing |
| 락트리 클라이밍센터 | 아산시 | 배방읍 고속철대로 63 | 070-8822-6666<br>www.rocktree.co.kr |
| 예산군 청소년수련관<br>인공암벽장(외벽) | 예산군 | 예산읍 벚꽃로 214 | 041-331- 8228<br>www.yesanyouth.or.kr/index.php |
| BJ1 클라이밍센터 | 천안시 | 동남구 신촌로 24 | 041-577-7747<br>cafe.naver.com/bestjos1 |
| 태조산 클라이밍 | | 동남구 태조산길 261 | 041-529-5116<br>www.cfmc.or.kr/_taejosan |
| 홍종열 클라이밍짐(천안점) | | 서북구 성정두정로 100 | 041-567-2744<br>cafe.daum.net/ptkclimbing |

## 대전광역시 / 세종특별자치시

| 센터명 | 주소 | 전화번호 / 홈페이지 |
|---|---|---|
| 대전 클라이밍센터 | 서구 갈마로 163 | 042-532-5015<br>cafe.daum.net/djclimbingcenter |
| 둔산 클라이밍센터 | 서구 문정로 28<br>청솔빌딩 8층 | 042-471-5014<br>cafe.daum.net/dunsan-climbing |
| 클라이밍 스토리 | 서구 변동로 113 | 010-5451-6669<br>cafe.daum.net/climbersanjang |
| 클라이밍짐 리드(유성점) | 유성구 계룡로 129 | 042-826-5013<br>cafe.daum.net/leadclimbing |
| 클라이밍짐 리드(충대점) | 유성구 대학로 76번안길 62 | 042-825-5014<br>cafe.daum.net/leadclimbing |
| 대전 인공암벽장(외벽) | 유성구 월드컵대로 32 | 042-610-2970<br>www.djsiseol.or.kr/portal/sub020704.asp |

| 테크노 클라이밍 짐 | 유성구 테크노4로 57 | 042-933-5015<br>cafe.daum.net/technoclimbing-gym |
| 세종 GO클라이밍 센터 | 세종시 보듬3로 95, 3동 | 070-4798-1135<br>goclimbing.tistory.com |

## 광주광역시

| 센터명 | 주소 | 전화번호 / 홈페이지 |
| --- | --- | --- |
| G1 클라이밍 | 광산구 우산로 95번길 57 | 010-4640-8848<br>cafe.daum.net/G1CC |
| 광주 자유등반 클럽 | 남구 제석로 79 | 062-401-0100<br>cafe.daum.net/ryuclimb |
| 바위 클라이밍센터 | 동구 예술길 31-15 | 062-229-0510<br>www.ba-wi.com/ |
| 클라이븐-B | 동구지산로46 | 010-3181-5051<br>blog.naver.com/climben |
| 클라이븐 | 동구 충장로안길 40-2 | 010-3181-5051<br>blog.naver.com/climben |
| 익스트림 클라이밍 | 북구 동문대로 165 | 010-9056-6355<br>cafe.daum.net/mdcc/ |
| 락클라이밍센터 | 북구 설죽로 510 | 062-575-2884<br>cafe.daum.net/rockcc |
| 라이징스타 | 북구 첨단연신로 107번길 25 | 062-576-4321<br>blog.naver.com/risingstar34 |
| 광주 클라이밍클럽 | 북구하남대로 828-1 | 062-514-5325<br>cafe.daum.net/GJCC/ |
| 상무 빛고을 실내암벽 | 서구 상무중앙로 46 | 062-385-1624<br>cafe.daum.net/ksd0306 |
| 상무 클라이밍센터 | 서구 치평로 116 | 062-374-3695<br>cafe.daum.net/<br>sangmuclimbingcenter |
| 황평주 등반교실 | 서구 풍금로 57 | 010-6611-1514<br>cafe.daum.net/hwangpyoungju |

| 센터명 | 주소 | 전화번호 / 홈페이지 |
| --- | --- | --- |
| 최병호클라이밍센터 | 남구 돋질로 21 | 052-903-8848<br>cafe.daum.net/csportclimbing |
| 한백 산악회클라이밍센터 | 남구 법대로8번길 8 | 010-3879-7136<br>cafe.daum.net/hbmount |
| 라온 클라이밍짐 | 남구 삼산로199번길 9 | 052-227-2469<br>cafe.naver.com/kwr9977 |
| 영남 알프스국제 클라이밍센터(외벽) | 울주군 상북면 알프스온천5길 103-8 | 052-254-0270<br>ynawc.ulju.ulsan.kr/climbing/about.jsp |
| 9 클라이밍짐 | 중구 당산길 26 | 010-8356-5898<br>cafe.daum.net/9.climbing |

## 강원도

| 센터명 | 주소 | | 전화번호 / 홈페이지 |
| --- | --- | --- | --- |
| 클라이밍 강릉 | 강릉시 | 정원로 42 | 010-9990-0852<br>cafe.naver.com/gangneungcc |
| 펀 클라이밍 | 속초시 | 동해대로 4272 | 010-6770-4027<br>cafe.daum.net |
| 국립산악박물관(외벽) | 속초시 | 미시령로 3054 | 033-638-4459<br>www.forest.go.kr |
| 허니 클라이밍짐 | | 중앙로 65 | 010-6566-0814<br>blog.naver.com/picpeng/220349969088 |
| 조영순 스포츠클라이밍 아카데미 | | 단구로 194 | 010-7303-5014<br>cafe.naver.com/jazzorjazz |
| 창진체육관 | | 무상길 11-1 | 033-742-6754<br>blog.naver.com/lonewool |
| 원주 종합운동장인공암벽장 (외벽) | 원주시 | 서원대로 311 | 033-741-2539<br>cs.wonju.go.kr |
| 클라이밍 Wonju | | 일산로 87 | 033-766-9445<br>cafe.naver.com/wonjucc/548 |
| 고고 클라이밍(1호점) | | 일산로 82번길 20 | 033-744-0123<br>cafe.daum.net/gogoclimbing |
| 잼 클라이밍 | | 천사로 137 | 010-4242-8833<br>www.facebook.com/Thejamclimbing |

| 센터명 | | 주소 | 전화번호 / 홈페이지 |
|---|---|---|---|
| 고고 클라이밍(2호점) | | 판부면 서곡널다리길 8 | 033-765-0909<br>cafe.daum.net/gogoclimbing |
| 춘천 클라이밍센터 | | 동내면 공지로 70-61 | 033-263-3935<br>cafe.daum.net/CenterC |
| 춘천 송암 스포츠타운<br>인공암벽장(외벽) | 춘천시 | 스포츠타운길 124-2 | 033-263-5550<br>www.csa2012.co.kr |
| 김범준클라이밍센터 | | 춘천순환로 29 | 033-263-5305<br>cafe.daum.net/kkkkkbj |
| 태백스포츠 클라이밍센터 | 태백시 | 황지로 97-1 | 010-8723-6185<br>cafe.daum.net/namilguk |
| 홍천스포츠 클라이밍센터 | 홍천군 | 홍천읍 태학여내길 22 | 010-8877-7450<br>www.hcleports.com |

## 전라북도

| 센터명 | | 주소 | 전화번호 / 홈페이지 |
|---|---|---|---|
| 군산 스포츠 클라이밍 센타 | | 공항로 91 | 010-9444-1915<br>cafe.daum.net/gunsan--- |
| 온더락 실내 암벽장 | 군산시 | 백릉로 33 | 063-471-7544<br>cafe.daum.net/kunsanrock |
| 거인ROCK | 익산시 | 약촌로 196 | 010-3159-8611<br>cafe.daum.net/giantrock/ |
| 전주 실내 암벽 | | 덕진구 견훤로 146 | 063-246-2916<br>climbing.alltheway.kr/ |
| 바위오름 | 전주시 | 완산구 중산중앙로 8 | 063-226-7874<br>cafe.daum.net/IKSAN.climbing |
| 완산 생활체육공원<br>인공암벽(외벽) | | 완산구 모악산자락길 22 | 063-239-2567<br>www.jjss.or.kr/content01/01_10_7.asp |
| 남원 인공암벽(외벽) | 남원군 | 충정로 341 | 063-620-5621<br>www.namwon.go.kr |

## 전라남도

| 센터명 | 주소 | | 전화번호 / 홈페이지 |
|---|---|---|---|
| ROCK클라이밍센터 | 광양시 | 광양읍 순광로671 | 010-2005-3446<br>cafe.daum.net/ROCKCC |
| 광양 타기 클라이밍센터 | 광양시 | 광양읍 칠성로 59 | 061-762-7703<br>cafe.daum.net/tagyclimbingcenter/ |
| 목포 리드 클라이밍 | 목포시 | 백년대로 324 | 061-283-6080<br>blog.daum.net/kjw7804/2 |
| 목포 탑클라이밍센터 | 목포시 | 산정로 86 | 010-3137-2152<br>cafe.daum.net/mokpoTOPclimbing |
| 네파 클라이밍센터 | 순천시 | 왕궁중앙길 2 | 010-2626-7684<br>cafe.daum.net/nepaclimbing |
| 미르 클라이밍센터 | 순천시 | 충효로 123 | 061-742-1080<br>cafe.naver.com/mirclimbing |
| 여수 클라이밍짐 | 여수시 | 망마로 65 | 010-4944-8611<br>cafe.daum.net/ysclimbinggym/ |
| 목포 국제스포츠클라이밍센터<br>(외벽) | 목포시 | 부주로 132-12 | 061-273-8848<br>cafe.daum.net/mokposccenter |
| 영암 암벽등반 경기장(외벽) | 영암군 | 영암읍 천황사로 395 | 061-471-8878<br>tour.yeongam.go.kr |

## 경상북도

| 센터명 | 주소 | | 전화번호 / 홈페이지 |
|---|---|---|---|
| 경산 스톤 클라이밍짐 | 경산시 | 대학로 104 | 053-813-8848<br>cafe.daum.net/stoneclimbinggym. |
| 경산 첼린져 | 경산시 | 압량면 압독2로 2길 13 | 053-813-3918<br>cafe.daum.net/chgcc2 |
| 경주 락 클라이밍센터 | 경주시 | 원화로 252-1 | 010-5008-0425<br>cafe.daum.net/gyeongjuclimbing |
| 경주 설우클라이밍센터 | 경주시 | 황성로 59 | 054-771-5531<br>cafe.daum.net/SulwooClimbing |
| 구미 클라이밍센터 | 구미시 | 경은로 90 | 010-3535-4059<br>cafe.daum.net/alpiclimbing |

| 센터명 | | 주소 | 전화번호 / 홈페이지 |
|---|---|---|---|
| CC 클라이밍 | 구미시 | 야은로 299 | 054-452-8848<br>climbing.eplus-m.kr |
| 구미 포시즌 | | 인동중앙로 13길 21 | 054-471-3492<br>cafe.naver.com/4seasonsclimbing |
| 상주시 생활체육공원<br>인공암벽(외벽) | 상주시 | 영남제일로 1432 | 054-532-7173<br>sportspark.sangju.go.kr |
| 안동 클라이밍센터 | 안동시 | 광명로 195 3층 | 054-859-8848<br>andongclimbing.modoo.at |
| 안동 인공암벽장(외벽) | 안동시 | 축제장길 42 | 054-850-4620<br>www.andongyouth.kr |
| 영주 클라이머스 | 영주시 | 신재로 12번길 67 | 010-6533-8555<br>cafe.daum.net/y.j.s.c |
| 울릉도 인공암벽장(외벽) | 울릉군 | 울릉읍 도동리 580 | 054-790-6421<br>www.ulleung.go.kr/tour |
| 의성 클라이밍센터 | 의성군 | 의성읍 동산2길 36 | 011-9362-6171<br>cafe.daum.net/jumar |
| 청도 인공암벽장(외벽) | 청도군 | 운문면 신원리 2087 | 054-371-6266<br>- |
| 청송 클라이밍아카데미 | 청송군 | 부동면 얼음골로 1336 | 054-873-8991<br>blog.naver.com/dongjae1189 |
| 포항 골든클라이밍 | 포항시 | 남구 대이로 45번길 8 | 054-614-1618<br>cafe.daum.net/phgcg |
| 포항골수클라이밍클럽 | | 중앙로 145 | 010-8833-4373<br>cafe.daum.net/pmcc |
| 포항 김대우 암벽교실 | | 북구 장량로<br>145번길 17 | 054-277-0334<br>cafe.daum.net/phclimbing |
| 포항 클라이밍센터 | | 북구 죽도로 22 | 010-3193-9515<br>cafe.daum.net/extremescc |

## 경상남도

| 센터명 | | 주소 | 전화번호 / 홈페이지 |
|---|---|---|---|
| SM휘트니스 | 거제시 | 고현천로 10 고현시외<br>버스터미널 | 055-636-7791<br>blog.naver.com/elily1209 |
| 퍼스트 클라이밍짐 | 김해시 | 가야로 212 | 055-338-1707<br>cafe.naver.com/firstclimbing |
| 김해 인공암벽장(외벽) | | 가야로 245 | 055-334-4542<br>tour.gimhae.go.kr/01tour/01_07_07.jsp |

| 위드 클라이밍짐 | 김해시 | 인제로 246 | 055-312-6813<br>climing514.alltheway.kr |
| --- | --- | --- | --- |
| 양산 종합운동장인공암벽장<br>(외벽) | 양산시 | 양산대로 849 | 055-379-8530<br>ycs.yssisul.or.kr/stms/user/sc_center01.do |
| 진주 클라이밍클럽 | 진주시 | 모덕로 64번길 15 | 010-3848-0158<br>cafe.daum.net/jinjuclimbingclub |
| 예티 클라이밍짐 | | 문산읍 소문리 2188 | 055-746-8848<br>cafe.naver.com/pjhclimb |
| 스카이 클라이밍 | | 신안들말길 49 | 010-8540-7861<br>cafe.daum.net/minchan2 |
| 크럭스 | 창원시 | 마산 합포구 월영동서로 11-1 | 055-224-5289<br>cafe.naver.com/cruxclimbing |
| 마산 클라이밍스쿨 | | 마산 회원구 삼호로 63 | 055-255-6874<br>cafe.daum.net/msclimbingschool |
| 창원 클라이밍스쿨 | | 의창구 대원로 33번길 18-1 | 010-9309-5943<br>cafe.daum.net/DYNOS |
| 통영 인공암벽장(외벽) | 통영시 | 산양읍 산양중앙로 100 | 055-643-6840<br>corp.ttdc.kr/sports/sports01.aspx |

## 제주특별자치도

| 센터명 | 주소 | 전화번호 / 홈페이지 |
| --- | --- | --- |
| 제주 에이스클라이밍클럽 | 제주시 연사1길3 | 010-4697-9945<br>cafe.daum.net/asiaone8848 |
| 무브존 | 제주시 중앙로 270-4 | 064-723-5014<br>cafe.daum.net/sansoo1214 |
| 제주 종합경기장오름마당<br>인공암벽장(외벽) | 제주시 서광로2길 24 | 064-728-3271<br>complex.jejusi.go.kr |

# #6장
## 스포츠

# 클라이밍으로
# 진로선택

"인간은 쉬운 싸움에서 이기는 것보다
어려운 싸움에서 패배할 때 비로소 성장한다."

-딕 배스

# 스포츠클라이밍으로 대학에 가자

## 대학입학과 입시제도

이제 진로에 대해 이야기해볼까요? 먼저 대학 이야기입니다. 물론 스포츠클라이밍을 하기 위해 꼭 대학에 진학할 필요는 없습니다. 하지만 스포츠클라이밍을 이용해 진로를 선택할 수는 있지요. 많은 고등학생들이 입시에 시달리는 현실에서 스포츠클라이밍이 도움을 줄 수 있거든요.

청소년 클라이밍 선수들은 체육 특기생이나 입학사정관제, 자기추천제로 대학에 갑니다. 체육 특기자 전형은 대학수학능력시험 성적이나 최저학력 기준 없이 경기 실적과 면접으로만 구성됩니다. 클라이밍 선수들에게 유리한 부분이지요. 입학사정관제나 자기추천제는 대학의 자율권이 높은 전형입니다. 지원하고자 하는 대학들의 모집요강을 정확히 파악하고, 선수 활동 경력에 적절한 의미를 부여해야 해요. 그리고 전공과 자신의 선수 경력이 어떻게 연관되는지를 고민해야 합니다.

체육 특기생으로 개인 종목 학생을 선발하는 대학은 고려대, 단국대, 숭실대, 삼육대, 조선대 등이 있습니다. 이때 학생기록부 외에 경기성적 증명서, 국가대표, 청소년대표 증명서 등 증명 서류를 첨부해야 합니다. 국가대표, 청소년대표, 국내대회 상위권 및 공인된 국제대회 입상 정도의 경력이 있으면 더 좋고요. 그러면 가고 싶은 대학에 지원하고 합격할 수 있는 확률을 높일 수 있습니다.

### 체육(산악)특기자 전형

| 고려대학교(안암) | |
|---|---|
| 구분 | 내용 |
| 모집학과 | 체육교육과 |
| 모집분야 | 개인종목 |
| 모집인원 | 3명 |
| 지원자격 | 고등학교 졸업(예정)자 또는 법령에 의하여 이와 동등 이상의 학력이 있다고 인정된 자로서 전국·국제 규모대회에 참가하여 우수한 실력을 발휘한 개인종목 선수 중 심사년도를 기준으로 3년 이내의 기간에 국가대표, 청소년대표, 공인된 국제대회(프로대회 포함) 입상자(1, 2, 3위 이상) 자격을 취득한 자 |
| 대학수학능력시험 지정 응시 영역 및 최저학력기준 | 해당 없음 |
| 전형요소 별 반영비율 | 단계 – 서류 100% 2단계 – 1단계 성적 60% + 면접 40% |
| 공동제출서류 | 학교생활기록부 활동증빙서류(경기실적 증명서 및 경기출전 기록표, 국가대표, 청소년 대표 확인서, 각종 참가대회 개인 수상 경력 상장사본, 기타자료) |

| 고려대학교(세종) | |
|---|---|
| 구분 | 내용 |
| 모집학과 | 국제스포츠학부 |
| 모집분야 | 개인종목 |
| 모집인원 | 6명 |
| 지원자격 | 고등학교 졸업(예정)자 또는 법령에 의하여 이와 동등 이상의 학력이 있다고 인정된 자로서 전국·국제 규모대회에 참가하여 우수한 실력을 발휘한 개인종목 선수 중 심사년도를 기준으로 3년 이내의 기간에 국가대표, 청소년대표, 공인된 국제대회(프로대회 포함) 입상자(1, 2, 3위 이상) 자격을 취득한 자 |

| 대학수학능력시험<br>지정 응시 영역 및 최저학력기준 | 해당 없음 |
| --- | --- |
| 전형요소 별 반영비율 | 단계 – 서류 100% 2단계 – 1단계 성적 60% + 면접 40% |
| 공동제출서류 | 학교생활기록부 활동증빙서류(경기실적 증명서 및 경기출전 기록표, 국가대표, 청소년 대표 확인서, 각종 참가대회 개인 수상 경력 상장사본, 기타자료) |

### 숭실대학교

| 구분 | 내용 |
| --- | --- |
| 모집학과 | 생활체육학과 |
| 모집분야 | 개인종목 |
| 모집인원 | 6명 |
| 지원자격 | 아시아선수권, 아시안게임, 세계선수권, 올림픽 중 3위 이내, (전, 현)국가대표, (전, 현)청소년대표 및 국가대표 상비군, 대한체육회 가맹경기단체 중 본교가 인정하는 종목의 전국규모대회에서 3위 이내에 입상한 자(2009년 1월 1일 이후 고등부 이상 대회의 개인전과 단체전). |
| 대학수학능력시험<br>지정 응시 영역 및 최저학력기준 | 해당 없음 |
| 전형요소 별 반영비율 | 면접 40% + 실적 60% |
| 공동제출서류 | 학교생활기록부 활동증빙서류(경기실적 증명서 및 경기출전 기록표, 국가대표, 청소년 대표 확인서, 각종 참가대회 개인 수상 경력 상장사본, 기타자료) |

### 단국대학교

| 구분 | 내용 |
| --- | --- |
| 모집학과 | 국제스포츠학과 |
| 모집분야 | 개인종목 |
| 모집인원 | 2명 |
| 지원자격 | 개인종목 |
| 대학수학능력시험<br>지정 응시 영역 및 최저학력기준 | 해당 없음 |
| 전형요소 별 반영비율 | 학생부 교과 10% + 실적 90% |
| 공동제출서류 | 학교생활기록부 활동증빙서류(경기실적 증명서 및 경기출전 기록표, 국가대표, 청소년 대표 확인서, 각종 참가대회 개인 수상 경력 상장사본, 기타자료) |

| 조선대학교 | |
| --- | --- |
| 구분 | 내용 |
| 모집학과 | 체육학과 |
| 모집분야 | 비육성종목 |
| 모집인원 | 2명 |
| 지원자격 | 육성종목을 제외한 대한체육회 가맹경기단체 종목만 인정. 2012~2013년 국제 또는 전국규모대회 3위 이내 입상자, 청소년 대표 또는 고교상비군으로 선발된 자, 대한체육회 가맹경기단체장의 추천을 받은 우수 선수 |
| 대학수학능력시험 지정 응시 영역 및 최저학력기준 | 해당 없음 |
| 전형요소 별 반영비율 | 학생부 33.4% + 면접 13.3% + 실적 53.3% |
| 공동제출서류 | 학교생활기록부 활동증빙서류(경기실적 증명서 및 경기출전 기록표, 국가대표, 청소년 대표 확인서, 각종 참가대회 개인 수상 경력 상장사본, 기타자료) |

## 진학한 사람들은 얼마나 되나요?

이렇게 대학에 입학한 사람들은 많습니다. 앞에서 언급한 김자인 선수를 사례로 알아볼까요? 김자인 선수는 고등학생 때부터 국내 랭킹 1위의 최고 수준의 대표선수였습니다. 해외에서 열리는 월드컵 대회 등 다양한 국제대회에서 우승했지요. 국가대표로 활약하고 있는 김자인 선수는 2007년 고려대 체육교육학과에 입학해 학사를 마친 뒤 동 대학원 석박사 과정으로 진학했습니다.

이 밖에도 다수의 선수들이 국내의 대회에서 성적을 인정받아 대학에 입학했습니다. 김자하, 김자비, 박지환, 이동건, 한스 등등의 유능한 선수가 전부 생활체육학과에 입학했지요. 단국대 국제스포츠학과에는 천종원 선수와 김솔아 선수가 입학했습니다. 천종원 선수는 볼더링 부분 월드컵 1위를 차지한 선수로서 체육특기 전형에 합격했지요. 특기자 말고도 일반전형으로 들어간 사람도 있습니다. 김윤아 선수(한국체육대학 체육학과)와 송한나래 선수(한국외국어대학 국제스포츠레저학과)는 학업과 선수생활을 병행하면서 일반전형으로 입학했습니다. 홍승기 선수는 가고 싶은 학과에 맞추어 포트폴리오와 자기소개서를 준비해 자기추천제로 대학에 갔는데요. 고등학교 시절 국내 스포츠클라이밍대회 수상 경력을 포트폴리오로 작성해 한국외국어대학에 진학했습니다.

# 올림픽도 선택한 스포츠클라이밍

**2018청소년 올림픽과 2020올림픽에 채택되다**

2020년 도쿄 올림픽에 스포츠클라이밍이 정식 종목으로 채택되었습니다. 야구, 소프트볼, 스케이트보드, 가라데 등 다섯 개 종목을 국제올림픽위원회(IOC)는 만장일치로 2020년 올림픽 종목으로 채택했어요. "올림픽은 선수라면 누구든 꿈꾸는 꿈의 무대라고 생각한다. 그렇기에 클라이밍의 도쿄 올림픽 정식 종목 채택은 그 꿈의 실현이다. 나 역시 클라이밍의 올림픽을 생각하면 가슴이 두근거린다." 선수들은 이렇게 소감을 말했습니다.

뿐만 아니에요. 2018년 부에노스아이레스 청소년 올림픽에도 스포츠클라이밍이 정식 종목으로 부상했답니다. 모두 청소년 올림픽에서 진행하는 스포츠클라이밍이 도쿄올림픽의 "예고편"이 될 것이라고 말하고 있습니다. 부에노스아이레스 청소년 올림픽에서 스포츠클라이밍은 세 종목(리드, 볼더링, 스피드)이 결합된 이벤트가 될 것이라고 합니다. 도쿄 올림픽에서 열릴 스포츠클라이밍 대회에서 세부 사항으로 확정된 것은 아직 없습니다.

**아이스클라이밍을 동계올림픽으로!**

하계 올림픽에 스포츠클라이밍이, 동계올림픽에서는 아이스클라이밍이 정식 종목이 된다고 합니다. 지난 2014년 소치 동계올림픽에서 문화행사로 선보였던 아이스클라이밍은 많은 관객들의 관심을 받았지요. 이후 2016년 릴르함메르 청소년 동계올림픽과 2018년 평창 동계올림픽대회의 쇼케이스로 다뤄질 겁니다. '쇼케이스 종목'이란, 정식 종목으로 채택되기에 앞서 시범을 보이는 것입니다. 2018년 평창 동계올림픽대회에서 선보일 예정이지요. 현재는 2018 평창 동계올림픽대회를 발판으로 하여 2022년 베이징 동계올림픽 정식 종목 채택을 위해 힘쓰고 있습니다. 올림픽대회에서 클라이머들이 세계적인 인정과 관심을 유도하도록 말이지요. 스포츠클라이밍이 올림픽에서 계속 자리를 잡는다면, 전 세계 암벽등반가들의 꿈을 더욱 넓혀주겠지요?

# 암벽등반 전문가

# #1장
# 등산의 정의

등산의 개념은 두 가지로 분류된다.

하나는 광의적 개념, 하나는 협의적 개념이다.

협의적 개념은 일반등산과 등반으로 다시 구분된다.

# 광의적 개념과 협의적 개념

**광의적 개념**

산에서 이루어지는 모든 행위를 등산이라 하지요. 산을 오르는 사람들을 산악인이라 하고요. 그렇지만 산에서 뭔가를 한다고 해서 무조건 산악인이라 하지 않습니다. 등산의 개념에도 포함시키지 않고요. 등산의 정의에는 조건이 있습니다. 산을 찾는 목적이 산에 가기 위한 것이어야만 하지요. 스님을 산악인이라 칭하지 않고, 심마니를 산악인이라 하지 않는 이유는 산을 찾는 목적이 다르기 때문입니다. 스님은 사찰에 가기 위한 종교적 목적으로, 심마니는 약초를 캐기 위한 목적으로 산에 갑니다. 사찰이 산에 있지 않고 도심에 있다면 스님들은 산에 오지 않을 겁니다. 산삼과 약초가 밭에서 난다면 심마니도 산에 오르지 않을 테지요. 그래서 이들은 산악인이라 부르지 않습니다. 순수하게 산에 가기 위한 목적일 때 등산이라 하며, 산에 오르기 위한 행위를 하는 사람들을 산악인이라 부르지요. 광의적 개념으로 본다면 등산은 이렇게 정의됩니다.

**협의적 개념**

등산을 협의적 개념으로 본다면 일반적인 등산과 등반으로 구분할 수 있어요. 산의 각도에 따라 기준이 달라지죠. 일반적으로 등산은 인간이 두 발로만 걸을 수 있는 곳까지 오르는 행위를 말합니다. 두 발로만 걷는 산행, 즉 트레킹 또는 하이킹 등의 산행을 말합니다. '등산'이 가능한 산길의 각도는 30도 이하입니다. 산의 경사면이 30도가 넘어서면 손을 쓰기 시작합니다. 손을 쓰게 되면 등반으로 구분됩니다. 등반(登攀)의 반(攀)자가 잡고 오를 반(攀)자거든요! 그렇다고 험한 능선 길을 가다가 중심 때문에 잠깐씩 벽을 잡는 것은 등반이라 할 수 없어요. 장비를 사용하며, 수직의 벽을 10미터 이상 오르는 행위가 등반입니다.

# 등산장비와 등반장비

**등산장비**

등산을 할 때에는 '체온 유지'가 관건입니다. 인간은 항상 36.5도를 유지해야 하지요. 저체온증이 시작되면 인간은 2시간 안에 사망할 위험에 처합니다. 도시 속에서 편안하게 살고 있으면 체온에 대해 별로 신경 쓰지 않지요. 하지만 야생의 환경에서는 체온 유지가 필수적입니다. 산에서 외상을 입지도 않았는데, 저체온증으로 사망하는 경우가 부수지기인데요. 모두 체온 유지에 실패해서 일어나는 일입니다. 체온을 유지하기 위해서는 외부(자연환경)에 체온을 빼앗기는 만큼 다시 열을 만들어야 합니다. 무엇보다 체온을 빼앗기지 않으려면 보온을 잘해야 합니다. 체력도 아껴야 하고요! 등산장비는 열을 생산해내고, 보온하고, 체력을 아낄 수 있는 것들입니다. 열을 생산, 보온, 절약하는 데 필요한 것들을 등산장비라 합니다.

## 등산장비 구분

| 구분 | 장비목록 |
| --- | --- |
| 에너지 생산에 필요한 장비 | 등산식량, 쿠킹세트, 스토브, 연료 등 |
| 생산된 열을 보온하는 장비 | 등산복(속옷, 보온옷, 재킷), 침낭, 텐트, 모자, 장갑 등 |
| 체력 소모 방지 장비 | 등산화, 등산스틱, 배낭, 지도, 나침반 등 |

등산장비 구분

열을 생산하려면 먹는 것, 즉 등산 식량이 필요합니다. 사람이 무언가를 먹으려면 조리도구도 있어야겠지요? 그래서 쿠킹 세트, 스토브, 연료 등도 에너지 생산에 필요한 장비에 포함됩니다.

보온을 하려면 체온 유지에 적합한 덮을 것이 있어야 합니다. 등산복, 텐트, 침낭이 보온장비에 속합니다. 체력을 절약하기 위한 장비로는 대표적으로 등산화가 있습니다. 어떤 등산화를 선택하느냐에 따라 등산이 천차만별로 이루어지는데요. 예를 들어 북한산의 도선사에서 백운대에 이르는 길은 화강암으로 이루어졌어요. 이곳에서 바닥이 미끄러운 등산화를 신는다면 넘어지지 않게 다리에 힘을 주면서 걷게 될 것입니다. 하지만 마찰력이 좋은 등산화를 신었다면 평지를 걷듯이 편안하게 걸을 수 있습니다. 이처럼 어떤 등산화를 선택하느냐에 따라 체력 소모가 달라집니다. 등산스틱, 나침반과 지도, 배낭 등도 체력 소비를 줄일 수 있는 장비입니다.

**등반장비**

등반장비는 '추락'에 대비하기 위해 사용합니다. 클라이머들은 등반을 할 때 절대 떨어지지 않을 각오를 하고 등반하는 것이 아닙니다. 지표면에서 발이 떨어지는 순간 낙하에너지가 발생된다는 것을 알고 있지요. 등반자의 의지와는 상관없이 실수하면 추락할 수 있다는 것을 알고 있는 겁니다. 지면에 추락할 시, 정말로 즉사할 수도 있습니다! 지면 추락을 방지하기 위해 안전벨트, 헬멧, 암벽화, 캠종류, 하켄, 너트를 이용하지요.

# #2장
# 등산에서
# 추구하는 것은
# 고도와 각도

"많은 사람들이 성스러운 정상에 도전해서 실패했지만 그들의 도전 결과는

우리에게 그들이 도달했던 바로 그곳에서부터 우리가 다시 시작할 수 있다는 용기를 주었다.

그리고 앞서간 사람들의 정신과 희망을 모두 가슴에 품고 갔던 것이고,

그들의 노력 덕분에 성공할 기회를 얻을 수 있었던 것이다."

-조지 로우

## 저고도, 중고도, 초고도

**산의 높이 3,000미터까지는 저고도**

다음 표(246쪽)에는 각도와 고도가 표시되어 있습니다. 산의 높이 3,000미터까지를 저고도라 합니다. 가파르기가 30도에 머무는 산은 일반등산이 가능하지요. 표를 보면 자신이 추구하는 산행 형태를 알 수 있습니다. 각도가 가파른 곳을 오른다면 암벽등반을 즐기는 것이고, 고도가 높은 곳을 추구한다면 고산을 오르고 싶어 한다는 것이죠.

이 표를 기준으로 여태껏 산행을 어떻게 해왔는지도 알 수 있어요! 예를 들면 암벽등반을 해본 적이 없고, 한국에 있는 산만 다녔다면 2,000미터 이하, 30도 이하의 산만 오른 것입니다. 국내에 있는 산은 2,000미터가 넘지 않습니다. 그렇기에 국내의 산만 다녔으면서 섣불리 산을 모두 아는 것처럼 말해선 안 됩니다. 이제 겨우 등산의 교양과목 정도를 마친거니까요. 그래서 산을 대하는 태도가 중요한 겁니다. 산이 고도2,000 미터와 각도 30도 이하가 전부가 아니기 때문입니다.

**산의 높이 6,000미터까지는 중고도**

6,000까지는 중고도라 합니다. 히말라야의 중고도 지점까지는 트레킹도 가능하지요. 1786년, 인류는 최초로 4,000미터 중고도에 속하는 몽블랑 산을 오르면서 등산이 시작되었어요. 처음엔 몽블랑을 오르기 위해 필요한 장비들을 지게에 지고 올라갔으며, 추위를 견디기 위해서 무거운 장작과 담요를 지고 낑낑거리며 올랐답니다. 하지만 시간이 지나며 장비가 점점 발달되었지요. 지게가 배낭으로, 장작이 현재의 버너로, 담요는 오늘날 침낭으로 진화했습니다. 물론 의류들도 함께 발달되었습니다. 이처럼 산의 고도를 추구하면서 등산장비들이 고기능과 경량화 위주로 발달되었답니다.

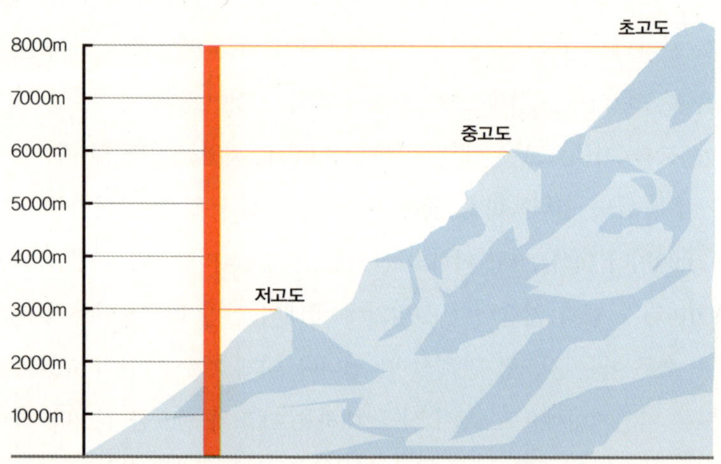

## 산의 높이 8,000미터는 초고도

지구상에서 가장 높은 산은 8,000미터가 넘습니다. 히말라야의 산맥에는 8,000미터짜리 봉우리가 열네 개나 있습니다. 그러니 2,000미터 이하의 산만 오르고 전부 아는 것처럼 말하는 건 오만한 것이지요. 대학에 비유해볼까요? 국내의 산을 모두 정복했으면, 교양과목을 마쳤다고 보면 됩니다. 이후부터 본격적으로 전공을 무엇으로 택할지 고민하는 시기에 부딪치죠. 고산전문가가 될 것인지, 거벽전문가가 될 것인지, 암벽전문가 또는 스포츠클라이밍선수, 아이스클라이밍선수, 아님 트레킹만 하는 트레킹전문가가 될 것인지, 앞으로의 산행 방식을 고도를 높여갈 것인지, 각도를 추구할 것인지를 선택해야 합니다.

산의 고도 3,000미터까지를 저고도라 했지요? 3,000미터까지는 산의 환경에 크게 변화가 없습니다. 3,000미터를 넘어서면 수목들이 자랄 수 없는 환경이지요. 그래서 산의 높이 3,000미터를 '수목한계선'이라 합니다. 여기서부터 산소량이 줄어들기 시작하고, 눈이 녹지 않는 만년설이 슬슬 나타납니다. 해가 지고 어두워지면 기상은 더욱 혹독해져요. 그래서 산에는 새벽에 출발하고 해가 지기 전에 내려와야 좋습니다. 해가 지고 나서 산에 남아 있으면, 조난당할 확률이 커집니다.

# 등반은 어디서부터 시작된다고?

산의 지면이 30도가 넘어서면 본격적인 암벽등반이 시작됩니다. 70도까지를 '완경사', 즉 슬랩이라 부르지요. 여기는 일반인들도 장비 사용법 정도만 숙지하면 등반할 수 있어요. 70도와 80도까지는 '페이스'라고 부릅니다. 이 지점부터는 어느 정도 트레이닝을 하지 않으면 오르기 어렵습니다. 그림에서 보다시피 까딱 잘못 넘어지면 추락할 수 있지요! 추락할 것 같은 공포와 암벽에서 버텨내야 한다는 압박감이 물밀 듯 몰아치지요. 즐거움보다 고통이 더 크고요. 90도부터는 암벽이 완전 수직으로 변합니다. 그냥 벽을 오른다고 생각해보세요. 아찔하지요? 스포츠클라이밍 숙련자들은 여기서부터 진짜 시작한다고 보면 됩니다. 90도를 넘어선 곳은 '오버행'이라 부르는데, 누워 있는 벽을 오르는 셈입니다. 완전히 수직으로 달라붙어야 하는 곳은, '천정' 혹은 '루프'라 부르지요. 이러한 산의 각도를 추구하면서 필연적으로 발생하는 추락에 대비하기 위해서 발달된 것이 등반장비랍니다.

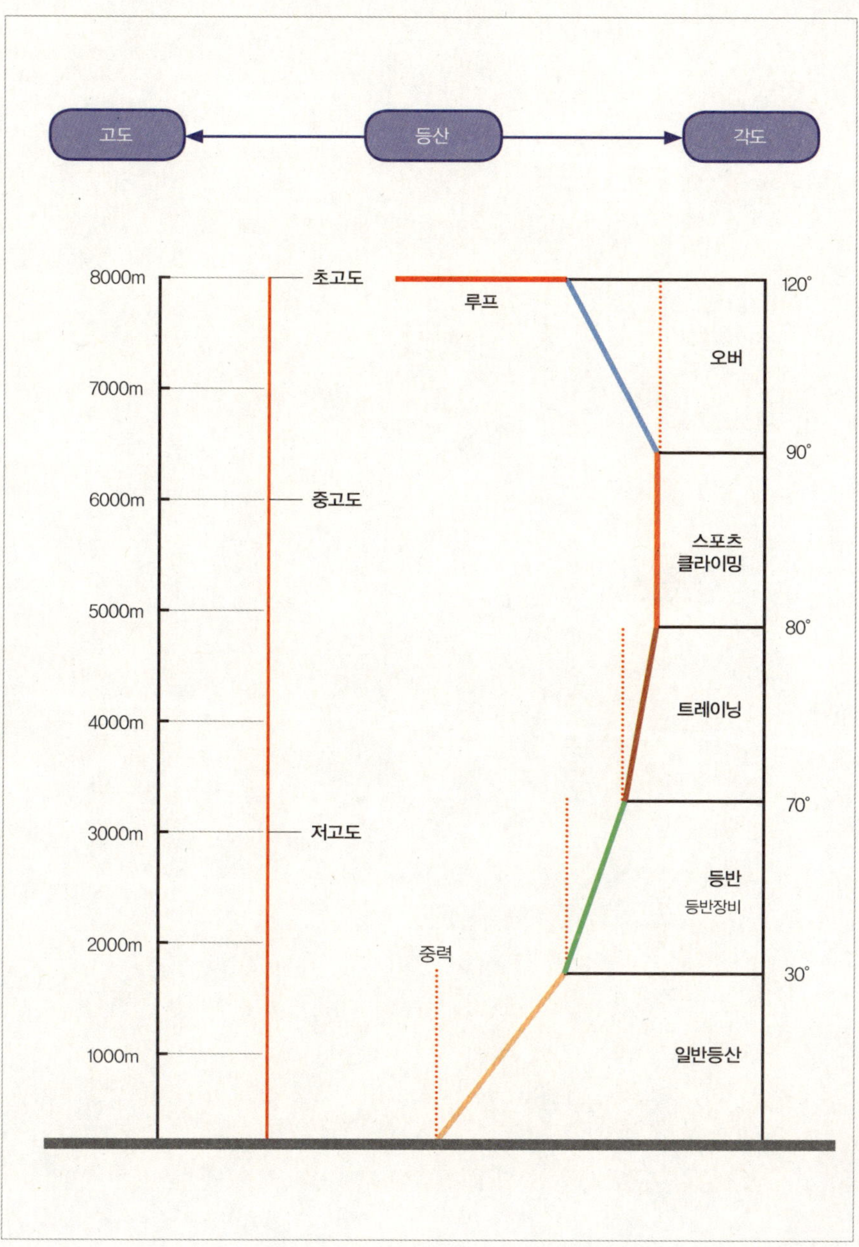

고도
등산
각도
8000m
7000m
6000m
5000m
4000m
3000m
2000m
1000m
초고도
중고도
저고도
루프
중력
오버
스포츠
클라이밍
트레이닝
등반
등반장비
일반등산
120°
90°
80°
70°
30°

# #3장
# 등산에
# 필요한 기술

"나는 오르고 싶은 산, 달리고 싶은 마라톤 코스를 만났을 때 가슴이 뛴다.

내 한계를 넘어서야 하는 고통의 순간에 가장 싱싱한 젊음의 에너지를 느낀다.

그리고 그런 극한의 상황을 이겨낸 후 내 안에서 차오르는 묵직한 성취감,

이 모든 것이 내 삶을 밝혀주는 찬란한 빛이다."

-김명준

## 일반등산 기술

일반등산 기술이란 산행에서 가장 기본이 되는 기술을 말합니다. 힘들이지 않고 걷는 방법, 산에서 음식을 적절하게 섭취하는 방법 등이 여기 속합니다. 체온을 쾌적하게 유지하는 법도 포함되고요. 그 뿐 아닙니다. 산행 시간과 일정에 맞추어 짐을 효과적으로 꾸릴 줄 아는 능력도 중요합니다.

　산은 계절에 따라 환경이 바뀌기 때문에 계절에 따른 산행 대처법도 익혀야 해요. 어떤 산행을 결정했는지에 따라 어떤 등산화를 신을지 스스로 선택할 수 있는 지식도 필요하고요. 또한 산에 오를 때 에너지를 절약해주고 무릎 관절을 보호해주는 등산용 스틱을 효율적으로 사용하는 방법도 알아야 합니다. 무엇보다 저체온증에 대비해야 하고요. 산은 아름다운 경치를 보여주지만, 경치에만 빠져 있다간 큰일 날 수 있으니까요.

이탈리아 돌로미테 산군을 등반 중인 필자

# 암벽등반 기술

암벽등반 기술을 잘 익히면 산에서 마주치는 다양한 난관들을 해결할
수 있습니다. 산 정상으로 향하는 길목에서는 암벽을 넘어설 수밖에 없
는데요. 암벽을 넘어서기 위한 다양한 기술이 바로 암벽등반 기술로 발
전되었습니다. 암벽등반을 하려면 장비 착용법, 팀원 서로의 안전을 지
켜주는 확보 기술, 팀원과 팀원을 연결해주는 매듭법, 암벽등반에 필요
한 손 쓰기, 발 쓰기 기술, 지면 추락을 방지하는 데 필수적인 확보물
설치 방법 등을 숙지해야 합니다. 그래야 안전한 암벽등반을 할 수 있
어요.

### 암벽등반기술 구분

| 구분 | 실기 교과목 | 이론 교과목 |
|---|---|---|
| 암벽등반기술 | 장비착용법 : 안전벨트, 헬멧, 자기확보 줄, 암벽화, 카라비너<br>확보 : 자기확보, 선등자확보, 후등자확보<br>매듭 : 8자매듭(로프연결, 되감기, 고리8자), 클로브히치, 보울<br>라인, 푸르직, 피셔맨즈, 로프사리기<br>등반기술 : 손쓰기, 발쓰기, 슬랩, 크랙, 페이스, 오버행, 침니<br>확보물설치 : 캠, 너트, 하켄 | 암벽등반기술<br>암벽등반개론<br>확보물설치<br>인공등반기술 |

# 빙벽등반 기술 및 설상등반 기술

동계 산행을 즐기거나 높이 3,000미터 이상인 산에 오르려면 반드시 빙벽등반 기술과 설상 기술을 갖춰야 합니다. 이런 곳에는 대개 만년설과 빙벽이 깔려 있기 때문인데요. 빙벽등반을 하려면 X바디, 지그재그 자세, N바디 자세를 숙지해야 합니다. 지면 추락을 방지하는 데 필요한 스크류 설치 방법도 알아야 하고, 스윙 기술도 연마해야 하지요. 안자일렌과 팀 제동 기술은 만년설 지역을 이동할 때 필수적입니다. 설사면을 보행할 수 있어야 하고, 설사면을 타고 내려오는 활락 정지 기술도 익혀야 하고요. 밤이 되어 내려올 수 없을 때엔 눈 덮인 산에서 잠을 자야 하므로 이때 필요한 여러 조처들도 잘 알고 있어야 합니다. 또한 설동파기 기술을 숙지해야만 빙벽 구간과 설사면 구간을 등반할 수 있답니다. 빙벽등반과 설상등반은 어떻게 구분되는지 오른쪽 표를 참고하세요!

빙벽을 등반 중인 필자

## 빙벽등반과 설상등반 기술 구분

| 구분 | | 교과목 및 교육내용 |
| --- | --- | --- |
| 빙벽기술 | 이론 | 빙벽등반개론, 빙벽등반장비, 장비튜닝, 빙벽등반기술, |
| | 실기 | X바디, 지그재그자세, N바디 자세, 스크류설치, 선등기술 |
| 설상기술 | 이론 | 설상등반개론, 설상등반기술, 겨울산의 위험, 동계등반 장비 |
| | 실기 | 설사면 보행기술, 설벽 등반기술, 활락 정지, 설동파기, 설상 빌레이 기술, 안자일렌과 팀 제동, 크레바스 구조, 설상 확보물 설치, 종합등반 |

# #4장
# 산의 기준

"저는 저 자신이 24시간에서 30시간 정도 계속 움직일 수 있다는 것을 알고 있습니다.

반대로 30시간을 넘으면 움직이지 못하게 됩니다.

그런 한계를 알지 못하면 산에서 계속 움직이기 어렵습니다.

때문에 사전에 자신의 한계를 알아두는 것은 매우 중요합니다."

-율리 스텍

## 산을 정의하는 기준

건설교통부에 따르면 땅에서 100미터 이상 솟아 있는 곳을 '산'이라 부릅니다. 영국의 경우는 표고[*] 1,000피트(305미터) 이상을, 미국의 기준은 표고 2,000피트(610미터) 이상 되는 곳을 산의 기준으로 삼습니다. 영국과 미국의 기준으로 보면 관악산은 산이지만 남산은 언덕일 뿐이지요. 이처럼 각 나라마다 산을 정의하는 기준도 천차만별입니다.

**산의 기준 구분**

| 국가 | 기준 | |
| --- | --- | --- |
| 한국 | 지표로부터 100m | 건설교통부 기준 |
| 영국 | 305m mountain | 표고 1,000 피트 |
| 미국 | 610m mountain | 표고 2,000 피트 |
| 영미 기준 | 관악산(629m) mountain, 남산(262m) hill | |

---

[*]　바다의 수준면에서 지표의 어느 지점에 이르는 수직 거리.

# 우리나라에서 암벽등반이 가능한 산은 몇 개일까?

**우리나라의 산**

국토지리정보원에서는 우리나라 산이 8,006개라고 합니다. 산, 봉, 재, 티, 대 등이 붙은 명칭을 모두 합한 숫자인데요. 재, 티, 고개를 제외한 산의 숫자는 4,400개입니다. 산림청이 인정한 기준으로 볼 때 한국의 산은 약 4,400개 정도라 할 수 있어요. 이 중에 등산할 수 있는 산은 약 1,300개입니다.

**국내산의 숫자**

| 기관 | 기준 | 숫자 |
| --- | --- | --- |
| 국토지리정보원 | 산, 봉, 재, 티, 대, 등 | 8,006개 |
| 산림청 | 재, 티, 고개는 지리적 성격상 통계에서 제외 | 4,440개 |

한국의 산은 4,400개 정도, 등산을 할 수 있는 산은 1,300개 정도

### 국내 암·빙벽등반 대상지

국내에서 암벽등반을 할 수 있는 대상지는 전국에 약 72개이며, 암장은 약 295개가 있습니다. 4,000여 개의 루트가 있었지만, 600여 개가 폐쇄되었습니다. 지금은 3,400개의 루트가 있고요. 빙벽등반 대상지는 자연 빙벽만이 아니라 인공으로 만들어진 빙벽도 포함합니다. 전국에 약 19개의 빙벽 대상지가 있습니다.

### 암·빙벽 대상지

| 대상지 | 전국 72개의 산 | 비고 |
| --- | --- | --- |
| 암장 | 295개의 암장 | |
| 루트 | 약 3,400개 루트 | 총 4,000여 개(600개 폐쇄) |
| 빙벽 | 자연빙벽 및 인공빙벽 약 19개 | |

# 국내 대표적인 암벽 대상지

**국내 지역별 암벽등반 대상지**

국내 대표적인 암벽대상지는 북한산 인수봉과 도봉산의 선인봉입니다. 국내 클라이머들에게는 어머니와 같은 암벽인데요. 우리나라 사람들은 대부분 인수봉 도전으로 암벽등반을 시작합니다. 서울 말고 다른 데도 알아볼까요? 강원도 설악산에서는 적벽과 장군봉이 대표적인 등반 대상지로 꼽힙니다. 충청과 전라도엔 대둔산과 선운산이 있고, 제주도의 무수천 암장도 등반가들에게 사랑받고 있습니다. 경상도의 신반리 암장과 대구 학바위 또한 도전할 가치가 있는 암벽대상지입니다. 각 지역에서 인기 있는 대상지들로 뽑아봤습니다.

| 지역 | 대상지 |
| --- | --- |
| 서울경기 | 북한산 인수봉/노적봉/수리봉/삼성산암장/무의도 하나개 해벽/도봉산 선인봉/관악산암장/여주 예솔암/남한산성 범굴암/불암산 한성대암장 등 |
| 강원 | 설악산 울산바위/적벽/장군바위/소토왕골/장수대/미륵장군봉/간현암/토왕좌우벽 |
| 충청, 전라, 제주 | 선운산 투구바위, 속살바위/고창 할매바위/마이산 오페라하우스/대둔산 암벽/무등산 새인봉/월출산 암벽/제주도 무수천 암장 등 |
| 경상 | 부산 가덕도 해벽/부산 암남공원 해벽/신반리암장/대구 학바위/연경동 도약대/포항 학담암/울릉도 해벽 등 |

북한산 인수봉을 등반 중인 필자

국내에는 4대 빙벽등반 대상지가 있습니다. 동양 최대의 높이의 토왕성 폭포가 대표적인데요. 등반 길이가 약 320미터에 달합니다! 토왕폭에 비해 작은 규모지만 국내 빙폭 중에 최고의 난이도를 자랑하는 대승폭도 만만치 않아요. 전체 높이가 120미터이고, 남쪽 정면을 향해 흐릅니다. 혹한의 시기에만 얼기 때문에 매서운 추위와 함께 등반해야 합니다. 소승폭 역시 고드름과 버섯형 낙수가 많아서 오르기 힘든데요. 방향이 남향인 데다 얼음이 얼었다가도 날씨가 조금만 따뜻하면 쉽게 녹아내리는 곳입니다. 이런 불량한 얼음 때문에 고난도 등반이 요구되지요. 등반 길이는 약 110미터이고, 수직벽은 80미터에 달합니다. 소토왕골에 있는 국사대폭도 있습니다. 권금성에서 안락암 아래로 떨어지는 높이 100여 미터의 폭포지요.

　설악산에 도전할 만한 빙벽들이 많지요? 예전에는 겨울이면 많은 산악인들이 설악산으로 몰려들었습니다. 하지만 지금은 인공으로 만들어진 빙벽장들이 늘어나면서 많은 사람들이 인공빙벽등반을 즐기는 추세입니다.

**국내 빙벽등반 대상지**

| 지역 | 대상지 |
| --- | --- |
| 설악산 | 토왕성폭포 / 대승폭포 / 소승폭포 / 국사대폭포 / 잦은바위 50–100m 폭포 / 장수대 실폭 / 갱기폭포 / 독주폭포 |
| 운악산 | 무지개폭포 |
| 월악산 | 신선폭포 |
| 명성산 | 바름폭포 |
| 인공빙벽 | 도락산(가래비) / 원주(판대리) / 강원도(딴산) / 원주(칠봉) / 충북(영동) / 경남(청송) / 경북의성(점곡) / 인제(매바위) |

원주 판대 인공빙벽장 전경

# #5장
# 대륙의 최고봉들

"우리가 살아가고 있는 세상 모든 것에는 인간의 손길이 닿아 있다.

그래서 더 이상 자연을 기억하지 못하게 된다.

그러나 산 위에서는 우리가 자연과 하나가 될 수 있다.

도시에서는 신호등이 언제 가고 언제 멈추어야 할지를 알려준다.

그러나 산에서는 아무도 자신의 결정을 대신 내려주지 않는다.

따라서 스스로의 감각을 이용해야만 한다."

-다베이 준코

# 7대륙 최고봉

대륙이란 지구 표면에 형성된 여러 가지 지형의 넓고 커다란 육지를 말합니다. 아시아, 유럽, 아프리카, 남아메리카, 북아메리카, 오스트레일리아, 남극 등 7대륙으로 나뉘지요. 각 대륙에서 가장 높은 산들을 '7대륙 최고봉(Seven Summits)'이라 부릅니다. 산악인들의 이상은 최고봉들을 모두 정복하는 것입니다.

**7대륙 최고봉 일정 및 소요경비**

| 대륙 | 산 | 소요일정 | 1인당 소요경비(만 원) |
|---|---|---|---|
| 북아메리카 | 맥킨리 혹은 데날리 (McKinley or Dinali 6,194m) | 25~30일 | 650~700 |
| 남아메리카 | 아콩카과(Aconcagua 6,962m) | 25~30일 | 1,100 |
| 남극 | 빈슨매시프(Vinson Massif 4,892m) | 25~30일 | 5,000 |
| 아프리카 | 킬리만자로(Kilimanjaro 5,892m) | 12일 | 450~500 |
| 아시아 | 에베레스트(Mt. Everest 8,848m) | 40~60일 | 5,000 |
| 오세아니아 | 칼스텐츠(Carstensz 4,884m) | 25일 | 4,000 |
| 유럽 | 옐브루스(Elbrus 5,642m) | 11일 | 450 |

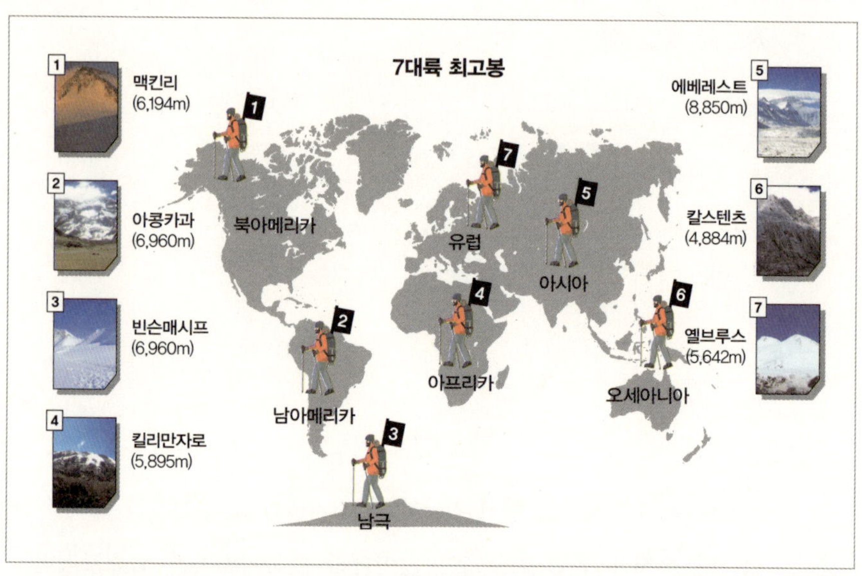

맥킨리(사진제공: 대한산악연맹)

## 맥킨리 혹은 데날리

'맥킨리'는 알래스카를 동서로 가로지르는 알래스카 산맥의 가장 높은 봉우리입니다. 6000미터 봉우리로, 북극에 가까운 탓에 살인적인 강풍이 휘몰아치고, 빙하가 꽝꽝 얼어 있지요. 그래서 8,000미터 봉우리보다 등반하기 어려운 산으로 꼽힙니다. 에베레스트를 초등한 고상돈 대원의 경우도 맥킨리를 정상 등정하고 하산하는 길에 안타깝게 사망했습니다.

맥킨리는 1897년 지역 탐험가 윌리엄 A. 딕키가 대통령 윌리엄 맥킨리에서 따온 이름입니다. 하지만 알래스카는 원래 백인들의 땅이 아니었죠. 백인들은 원주민을 몰아내고 미대륙에 정착했지요. 그래서 알래스카 원주민들은 오랜 청원을 보내 산에 원주민 고유의 이름을 붙이고 싶어 했습니다. 2015년 8월, 오바마 대통령은 원주민의 청원을 받아들여 북미 대륙 최고봉(6194미터)이자 알래스카 산맥의 주봉인 맥킨리의 명칭을 '데날리'로 변경했습니다. 데날리는 '높은 곳'이라는 뜻을 가진 단어입니다.


## 아콩카과

'아콩카과'는 안데스 산맥에 있는 가장 높은 산입니다. 멘도사 주 북서쪽에 봉우리가 솟아 있지요. 사람들이 등정하는 시기는 보통 11월 말에서부터 3월까지입니다. 특별한 등반 기술이 없어도 정상 등정이 가능한 봉우리로 알려졌지만, 결코 만만치 않은 산이에요. 높은 환경에 잘 적응하지 못하면 정상을 차지할 수 없거든요. 한국원정대가 실패하는 원인 중에 하나가 고소에 적응하지 못해서인데요. 산행이 어렵지 않다고 서두르다 달라진 환경 때문에 호흡곤란이 오곤 합니다. 추위와의 싸움

아콩카과(사진제공: 전양준 대한산악연맹 등산교육원 전임강사)

빈슨매시프(사진제공: 대한산악연맹)

역시 산행을 어렵게 해요. 일반적인 루트로 올라가더라도 10일 정도가 소요되는 산인데, 매일 텐트에서 잠을 자야 하거든요. 체온을 유지하기 힘든 상태라 동상에 걸릴 위험도 큽니다. 그래서 정상 등정 성공률이 60% 아래입니다.


## 빈슨매시프

7대륙 중 지구 최남단에 위치해 있는 남극은 영하 20도에서 영하 60도 사이를 왔다갔다 합니다. 상상도 안 될 만큼 춥지요? 그래서 대륙 전체가 얼음으로 뒤덮였습니다.

남극 대륙의 최고봉 빈슨은 엘스워스 산맥의 '샌티넬 레인지(Santinel Range)'에 있습니다. 남극점에서 북쪽으로 약 1,200킬로미터 떨어져 있는 빈슨매시프는 1958년 미해군 비행기가 처음 발견했지요. 1961년 미국 조지아 주의 '칼 빈슨' 의원이 남극탐사를 본격적으로 지원했다고 붙여진 이름입니다.

빈슨매시프에 가려면 11월에서 3월까지를 이용하는 것이 좋습니다. 칠레 남단 푼타아레나스에서 에이엘이가 운영하는 러시아 비행기를 타야 하지요. 그리고 유니온 글레이셔 캠프까지 4시간 30분 정도 비행합니다. 캐나다회사에서 운영하는 트윈오터경비행기를 타고 빈슨베이스 캠프까지 향하지요. 가는 길만으로도 꽤나 복잡하기 때문에, 목적지로 향하는 절차를 제대로 숙지해야 합니다.

빈슨매시프 등반 초기(1966~1993년)에는 샤츠피라미드 쪽을 통해 등반했습니다. 2007년, 빈슨 노멀루트가 만들어진 이후, 브랜스콤 빈슨 베이스캠프까지 경비행기로 접근해 로우캠프와 하이캠프를 거쳐 정상을 등정하는 등반로가 보편화되었습니다.

## 킬리만자로

'킬리만자로'의 뜻은 스와힐리어로 '빛나는 산' 혹은 '하얀 산'입니다. 아프리카의 최고봉으로 만년설로 뒤덮혔고, 세 개의 봉우리가 있지요. 킬리만자로 산은 탄자니아 북동부에 있는 성층 화산입니다. 약 100만 년 전부터 화산이 폭발했고, 36만 년 전 키보 화산의 분출을 끝으로 완성되었지요. 세 개의 봉우리는 각기 '키보, 마휀지, 시라'라는 이름이 있어요! 그중 키보는 5,895미터로 연중 내내 만년설로 뒤덮여 있습니다. 정

킬리만자로(사진제공: 대한산악연맹)

상인 우후루 피크의 높이는 5,895미터인데요, 아프리카 대륙에서 가장 높습니다. 세계에서는 다섯 번째로 높다고 합니다.

### 아시아 대륙의 최고봉 에베레스트

영국의 측량국 장관(1865년)이었던 조지 에베레스트의 이름을 붙여서 에베레스트로 명명했습니다. 네팔에서는 '세계 어머니의 여신'의 뜻을 지닌 '사가르마타'라는 이름을 가졌지요. 티벳에서는 '대지의 여신'의 뜻을 지닌 '초모랑마'라 부릅니다. 네팔과 중국 티벳 자치구를 경계하는 기준이지요.

히말라야 산맥은 인도 대륙과 유라시아 대륙의 판이 충돌하면서 형성되었습니다. 히말라야 산맥과 이어진 카라코람 산맥과 힌두쿠시 산맥 및 파미르 고원의 여러 산맥을 포함해서 히말라야 산맥이라고 말하기도 하지요. 히말라야는 '눈의 거처'라는 뜻을 지니고 있어요! 에베레스트 봉우리는 히말라야의 최고봉이자 세계 최고봉입니다.

### 칼스텐츠

1623년 네덜란드의 항해가 '칼스텐츠'가 처음 발견한 봉우리입니다. 인도네시아 파푸아뉴기니의 이리안자야 섬은 적도 부근에 있습니다. 이리안자야는 그린란드 다음으로 세상에서 큰 섬입니다. 이 섬에 오세아니아 주의 최고봉 칼스텐츠가 있어요. 칼스텐츠를 등반하려면 열대 정글을 통과해야 합니다. 길을 잃어버리지 않도록 다니족(원주민)과 함께 동

에베레스트(사진제공: 대한산악연맹)

칼스텐츠(사진제공: 대한산악연맹)

행해야 하지요. 산맥의 동북쪽에 있는 일리가 마을에서 등반을 시작합니다. 섬이 온통 정글에 둘러싸여 있기 때문에 비행기만으로 갈 수밖에 없는 마을이랍니다. 마을에서 베이스캠프까지는 도보로 5~6일이 걸립니다.

**옐브루스**

'옐브루스'는 페르시아어로 '눈 덮인 산'이라는 뜻입니다. 코카서스 러시아어로는 '카프카즈(Kavkas)'라 불리며 뜻은 '행복의 산'입니다. 옐브루스봉은 이 산맥의 핵심입니다. 서봉과 동봉 두 개의 봉우리를 합해서 부르는 말인데요, 활동이 멈춘 화산입니다. 행정구역상으로는 러시아의

옐브루스(사진제공: 대한산악연맹)

카바디나 발카리아 자치공화국에 속해 있습니다. 서쪽으로 흑해, 동쪽으로 카스피해, 그리고 남쪽으로 아제르바이젠, 그루지아, 아르메니아 공화국과 접해 있지요.

그리스 신화에서 인간에게 불을 가져다준 신은 프로메테우스입니다. 제우스의 명을 어기고 인간을 위해서 행동한 것이지요. 제우스는 프로메테우스를 괘씸하게 여겨 형벌을 내립니다. 프로메테우스는 바위에 사슬로 묶인 채 독수리에게 심장을 파 먹히는데요. 프로메테우스가 묶여 있던 곳이 옐브루스 산이라고 합니다.

# 히말라야의 자이언트 14봉

앞에서 우리는 각 대륙마다 최고 높은 봉우리를 살펴봤습니다. 그러나 높이만 따졌을 때, 대륙 7봉은 히말라야의 자이언트 14봉에 훨씬 못 미칩니다. 자이언트 14봉은 전부 8,000미터를 훌쩍 뛰어넘거든요. 그야말로 인간의 한계 극복과 도전의 정점, 살아 숨 쉬는 것만으로 행복을 느끼게 해줍니다. 잘못하면 사망할 수도 있는데 왜 오르냐고요? 등산가는 죽기 위해서 산을 오르지 않습니다. 살아 있음을 확인하기 위한 선택이지요. 희박한 공기와 뼈 속을 파고드는 혹한의 기온, 서 있기조차 힘든 강풍을 헤쳐나가며 살아 있는 것을 확인하는 거예요. 대자연의 악조건을 견뎌내고, 그것을 팀원들과 극복하면서 '함께 살아가는 삶'을 꿈꾸는 것입니다.

**히말라야(8,000미터) 자이언트 봉**

히말라야의 자이언트 봉은 네팔과 파키스탄 쪽에 몰려 있습니다. 네팔

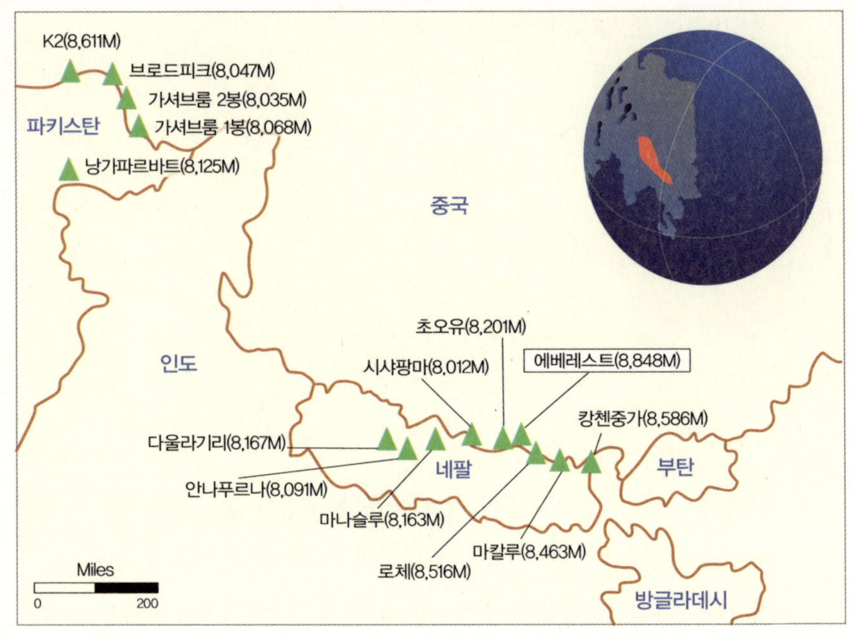


쪽 자이언트 봉을 등반하기에는 3월 말이나 5월 말, 혹은 9월 초에서 11월 초가 좋습니다. 나머지 기간은 몬순(우기)기간이라 등반이 어려워요. 반면 파키스탄 지역의 등반 적기는 6월 초에서 8월 중순입니다. 물론 팀(일곱 명)을 꾸려서 가야 해요. 현지인들을 많이 고용해야 유리하고요. 먼저 짐꾼과 셰르파, 주방장과 주방보조, 그리고 행정을 담당하는 정부연락관을 고용합니다. 짐꾼은 약 70명 정도가 필요해요. 네팔 지역의 짐꾼은 각각 30킬로그램 정도의 짐을 운반합니다. 파키스탄의 짐꾼은 25킬로그램짜리 짐을 운반하고요. 이들은 어느 정도 정해진 거리까지 운반하면 비용을 받습니다(거리 당 10달러에서 15달러를 지급합니다). 일하는 기간은 일주일에서 보름 정도고요.

## 히말라야 (8,000미터) 자이언트봉 소개

| 산 이름 | 위치 | 초등자 | 소요일정 및 비용 |
| --- | --- | --- | --- |
| 에베레스트(Everes)<br>8,850m | 네팔 히말라야<br>(네팔, 중국 접경) | 힐러리, 텐징<br>(영국,1953) | |
| K2<br>8,611m | 카라코람<br>(파키스탄) | 콤파뇨니, 라체델리<br>(이탈리아 1954) | |
| 칸첸중가(Kanchenjunga)<br>8,598m | 시킴 히말라야<br>(인도) | 조지 밴드, 조 브라운<br>(영국 1955) | |
| 로체(Lhotse)<br>8,516m | 네팔 히말라야<br>(네팔, 중국 접경) | 라이스, 루흐징거<br>(스위스 1956) | |
| 마칼루(Makalu)<br>8,463m | 네팔 히말라야<br>(네팔, 중국 접경) | 프랑코<br>(프랑스 1955) | 에베레스트 입산료<br>1인당 11,000달러<br><br>전체 경비 1인당 약<br>6,000만원<br><br>에베레스트를 제외한<br>자이언트 봉들은 팀당<br>(7명) 입산료를 받는다.<br><br>팀당 입산료(지역차이)<br>10,000~ 12,000 달러<br><br>1인당 전체 비용<br>2,000~2,500만 원<br><br>전체 소요 일정 약<br>40~60일 정도 |
| 초오유(Cho Oyu)<br>8,201m | 네팔 히말라야<br>(네팔, 중국 접경) | 티히, 파상, 요할라<br>(오스트리아 1954) | |
| 다울라기리(Dhaulagiri)<br>8,167m | 네팔 히말라야<br>(네팔, 중국 접경) | 딤베르거 등 5명<br>(스위스-오스트리아 1960) | |
| 마나슬루(manaslu)<br>8,163m | 네팔 히말라야<br>(네팔, 중국 접경) | 이마니시 등 3명<br>(일본 1956) | |
| 낭가파르바트(Nanga Parbat)<br>8,126m | 카라코람<br>(파키스탄) | 헤르만 불<br>(독일 1953) | |
| 안나푸르나(Annapurna)<br>8,091m | 네팔 히말라야<br>(네팔, 중국 접경) | 에르조그, 라슈날<br>(프랑스 1950) | |
| 가셔브룸 1 (Gasherbrum)<br>8,068m | 카라코람<br>(파키스탄) | 세닝, 클린치<br>(미국 1958) | |
| 브로드 피크(Broad Peak)<br>8,047m | 카라코람<br>(파키스탄) | 딤베르거, 불<br>(오스트리아 1957) | |
| 가셔브룸 2 (Gasherbrum)<br>8,035m | 카라코람<br>(파키스탄) | 라르히 등 3명<br>(오스트리아 1956) | |
| 시샤팡마(Shisha Pangma)<br>8,013m | 네팔 히말라야<br>(네팔, 중국 접경) | 쉐칭 등 10명<br>(중국 1964) | |

셰르파는 네 명에서 일곱 명 정도가 적당합니다. 이들은 주로 길을 안내하고 고정 로프를 설치하는 일을 담당해요. 셰르파가 받는 비용은 약 15달러 정도이며 사용하는 장비(개인장비)는 별도로 지급해야 하고, 정상 등정을 마치면 추가 금액을 주는 게 보통입니다.

주방장은 한 명, 주방보조는 세 명이 기본인데요. 주방장의 일당은 15달러, 키친보이는 10달러를 일당으로 받습니다. 이들은 등반이 끝날 때까지 함께합니다.

정부연락관은 필요에 의해서가 아니라 의무적으로 고용해야 합니다. 등반가가 정말 정상에 오르는지 증명하고, 주민들과 마찰이 없는지 살펴보는 역할을 하는데요. 환경을 훼손하는지 등등 행정을 관리하는 업무를 맡습니다. 만약 정부연락관을 고용하지 않는다면 공식적으로 인정받기 힘들어요. 이 밖에도 국립공원 입장료와 보험금, 환경 부담금 등의 비용을 정부연락관에게 지불해야 하고요.

이렇듯 네팔과 파키스탄에는 자연을 매개체로 한 다양한 직업들이 만들어졌는데요. 그만큼 자연과 인간은 도시화가 일상이 된 현재에도 상호작용하고 있습니다.

**에베레스트** 에베레스트는 원래 티베트인들 사이에서 '초모룽마'로 불렸습니다. 티베트어로 초모는 '여신, 수도녀'를 뜻하며 룽마는 '산골짜기, 지역, 경지'를 뜻하는데요. 초모룽마는 '대지의 여신' 혹은 '세계의 여신'을 의미합니다. 또 네팔인들은 '사가르마타'라고 불렀어요. 네팔어로 사가르는 '세계'를, 마타는 '정상'을 의미합니다.

1849년, 영국은 인도 북부에 광활하게 펼쳐진 히말라야 산맥에 측량

에베레스트(네팔히말라야 쿰부산군과 중국 티베트 경계)

사업을 벌입니다. 그러던 중 1852년, 세계에서 가장 높은 봉우리를 발견했지요. P15란 기호로 표시한 봉우리가 바로 그것입니다. 1865년, 사람들은 측량국 장관이었던 조지 에베레스트 경의 이름을 따서 봉우리 이름을 '에베레스트'라 명명했습니다.

K2  K2는 세계에서 두 번째로 높은 산입니다. 1858년, 세계에서 두 번째로 높은 봉우리라고 알려졌지요. 이때까지 이 산은 K2(카라코람 제2봉이란 뜻)란 기호로 쓰여왔던 것인데 우연하게도 세계 2위의 고봉으로 밝혀지자 그대로 '케이투'라고 부르게 되었습니다. K2는 높을 뿐만 아니라, 환경적으로 수많은 난관이 있습니다. 심지어 서벽과 남벽만 루트가 개척

K2(카라코람 발토로산군)

캉첸중가(네팔히말라야 동부와 시킴히말라야)

된 상태이고, 동벽과 북벽으로 오르는 데 성공한 사람은 없다고 합니다.

**칸첸중가** 칸첸중가란 이름은 티베트어로 '눈'을 뜻하는 '캉', '크다'란 의미의 '첸', '보고(寶庫)'란 뜻을 지닌 '주', 그리고 '다섯'이란 뜻의 '은가'가 합쳐진 이름입니다. 풀어서 말하면, '다섯 개의 위대한 눈의 보고'란 뜻입니다. 주봉, 서봉(일명 얄룽캉; 8,505미터), 중앙봉(8,473미터), 남봉(8,491미터), 그리고 캄바첸이라는 다섯 개의 봉우리로 이루어졌습니다.

네팔 히말라야의 가장 동쪽에 솟아 있고, 제3위의 고봉을 자랑하지요. 칸첸중가는 히말라야의 여러 봉우리 중에서도 오래 전부터 잘 알려진 산입니다. 1899년, 영국의 더글라스 프레쉬필드 일행이 이 산을 두루 탐험하고 『칸첸중가 일주』라는 탐사기를 남기면서 서구에 널리 알려졌는데요. 인도의 유명한 피서지인 '다르질링'으로부터 불과 50킬로미터 밖에 떨어져 있지 않아 장관을 이룹니다. 이 산은 에베레스트가 발견되기 전까지만 해도 세계에서 가장 높은 산으로 알려져 있었습니다.

**로체** 로체의 '로'는 남쪽을, '체'는 봉우리란 뜻입니다. '에베레스트의 남쪽 봉우리'라는 이름입니다. 세계 4위의 고봉 로체는 최고봉 에베레스트에서 남쪽으로 3킬로미터 정도 떨어져 있습니다. 에베레스트의 사우스콜을 기점으로 분리되어 있어서 에베레스트의 위성봉으로 인식되곤 하지요. 그래서 다른 8,000미터 봉에 비해서 도전하는 사람이 많지 않습니다. 하지만 역시 정상등반 성공률이 매우 낮은 봉우리입니다.

**마칼루** 산의 이름은 힌두교 시바신의 화신(化神) '마하카라'에서 비롯되

로체(네팔히말라야 쿰부산군의 중북부)

마칼루(네팔과 중국 국경, 쿰부히말라야의 동부)

었습니다. 산스크리트어로 '검은 신'이란 뜻인데요. 실제 마칼루는 밑에서 보면 흑갈색의 화강암으로 이루어져 다른 산에 비해 검게 보입니다. 마칼루는 네팔과 티베트의 국경을 이루는 중부 히말라야에서도 쿰부 산군 동쪽에 위치하지요. 에베레스트의 관문인 남체바잘에서 불과 38킬로미터밖에 떨어져 있지 않습니다. 높이로 치면 세계 제5위입니다.

**초오유** 세계 6위의 고봉 초오유는 네팔과 티베트의 국경 지역에 걸쳐 있습니다. 초오유라는 산 이름의 '초오'는 산스크리트어로 '신성(神性)'을 뜻하는 '초오'와 '여성'을 뜻하는 '오'의 합성어로서 '여신'을 의미합니다. 여기에 '터키옥(玉)'을 뜻하는 '유'를 합쳐 '터키 보석의 여신' 또는 '청록 여신이 거주하는 산'이란 뜻을 지니게 되었지요.

초오유(네팔히말라야)

다울라기리(네팔히말라야 중부, 다울라기리 산군)

마나슬루(네팔히말라야 중부)

이 산은 대부분의 히말라야 고산들처럼 남면이 개척되지 않았습니다. 사람들이 주로 올라가기 쉬운 완만한 곳을 선택하다 보니 오르기 힘든 남면은 개척되지 않았지요. 남면, 즉 네팔 쪽은 상당한 급경사에 장장 2킬로미터에 달하는 넓고 긴 벽이 있어요. 북면은 비교적 완만한 편이고요.

**다울라기리** 다울라기리 산군은 동쪽의 투크체피크(6,920미터)에서 서쪽 푸타히운출리(7,426미터)까지 40킬로미터에 걸쳐 주산맥과 지맥들로 이루어져 있습니다. 이 안에 다울라기리 1봉에서부터 6봉이 연이어 있고, 그 밖에 추렌히말, 구르자히말 등이 솟아 있습니다. 세계 7위봉 다울라기리는 고대 티베트와의 교역 통로였던 칼리간다키 강을 사이에 두고 안나푸르나 산국과 마주보지요. 산 이름은 산스크리트어로 다발라기리에서 비롯되었는데, '다발라'는 '희다'는 뜻이고 '기리'는 '산'이란 뜻입니다. 그러므로 '다울라기리'는 '하얀 산'이라는 의미겠지요?

**마나슬루** '마나슬루'는 산스크리트어로 '마음'이나 '영혼'을 뜻하는 '마나사'와 '나라'나 '토지'를 의미하는 '룽'의 합성어로서 '영혼의 산'이란 의미입니다. 네팔 제2의 수도 포카라에서 북동쪽으로 약 60킬로미터 떨어진 마나슬루 산군의 최고봉으로 세계 제8위의 고봉입니다. 주위에 북봉(7,154미터), 서봉(7,571미터), 피크29(7,835미터), 추렌히말(7,371미터) 등을 거느리고 있습니다.

**낭가파르바트** '낭가파르바트'는 인도 측 사람들이 부르는 이름으로 '벌거

낭가파르바트(파키스탄 펀잡히말라야)

안나푸르나(네팔 히말라야 중부, 안나푸르나 산군)

벗은 산'을 의미합니다. 서측 원주민들은 '정령(精靈)의 산'이란 의미로 '디아마르'라고 불러요. 다섯 개의 큰 빙하 위에 수직의 루팔 벽이 남쪽으로, 디아미르 벽이 서쪽으로, 그리고 라키오트 벽이 북동쪽으로 내리 뻗었는데요. 그 위에 북봉, 주봉, 남봉이 사다리꼴 모양으로 400미터 정상을 이루며 장엄하게 솟아 있습니다. '산중의 왕'으로 불리는 낭가파르바트는 약 2,500킬로미터에 달하는 히말라야 산맥 서쪽 끝에 위치한 펀자브히말라야*의 최고봉입니다. 북쪽으로는 인더스강 상류를 경계로 카라코람과 떨어져 있으며, 동쪽으로는 캐시미르를 이어 히말라야로 통하지요.

**안나푸르나** '안나푸르나'는 산스크리트어로 '풍요의 여신'이란 의미입니다. 인류 최초로 등정된 봉우리지요. 세계 10위의 고봉 안나푸르나는 서쪽으로 칼리간다키 강과 동쪽으로 마르산디 계곡까지 수많은 연봉을 거느린 안나푸르나 산군의 최고봉입니다. 안나푸르나 2봉, 3봉, 4봉의 위성봉과 '닐기리', '틸리쵸', '강가푸르나', '마차푸차레' 등 아름다운 7,000미터급 산들을 거느리고 있지요.

**가셔브룸 1봉** '가셔브룸'은 발티어로 '아름답다' 혹은 '빛나는'이란 뜻의 '가샤'와 '산'이란 뜻의 '브룸'의 합성어로 '빛나는 산'을 의미합니다. 콩코르디아 남동쪽 아브루찌 빙하에 들어서면 남가셔브룸 빙하를 만날 수 있지요. 남가셔브룸 빙하는 가셔브룸 1봉부터 6봉까지 말굽형으로 둘

---

* 파키스탄 북부 펀자브 지방으로 이어진 히말라야 지역

가셔브룸 1봉(카라코람 발토로산맥, 중국 신강자치구 경계)

브로드피크(카라코람 발토로산군, 중국 신강 자치구와의 경계)

러싸고 있습니다.

　가셔브룸 I봉은 다른 산들에 의해 숨겨져 있습니다. 1892년, 이 산군 정찰에 나선 독일의 콘웨이는 '히든피크'라 불렀다고 하지요.

**브로드피크**　발티어로 '넓은 눈의 산'이란 뜻을 지닌 '팔첸 캉리'라 불리던 산입니다. 1892년, 콘웨이가 이끄는 영국 탐험대가 '폭 넓은 봉우리', 즉 '브로드피크라'는 이름을 붙였지요. 발토로산국의 고드윈 오스틴 빙하 오른쪽으로 솟아 있는 세계 12위의 고봉입니다. K2와 남동쪽으로 이웃한 봉우리로 북봉(7,537미터), 중앙봉(8,006미터)을 거느리고 있습니다.

**가셔브룸 2봉**　8,000미터 봉 중에서는 가장 등정이 쉬운 산으로 꼽힙니다. 가셔브룸 산군의 가장 북쪽에 자리잡고 있는 세계 13위의 고봉이지요. 가셔브룸 2봉은 K4의 측량부호가 붙여진 것 외에는 특별히 다른 이름은 없습니다.

**시샤팡마**　산명은 티베트어로 '황량한 땅'이란 뜻입니다. 기후가 나빠 작물과 가축이 살 수 없다고 하지요. 네팔에서는 '고사인탄'이라고도 부르는데, 카트만두 북쪽으로 50여 킬로미터 떨어진 힌두 성지 '고사인쿤드'에서 따온 이름이에요. 고사인쿤드는 힌두어로 '성자의 거주지'를 의미합니다.

　시샤팡마는 히말라야의 8천 미터급 14좌 중에서 가장 낮은 산입니다. 동쪽으로 순코시 강과 서쪽으로 트리슐리 강을 끼고 있는 랑탕-쥬갈 지역의 최고봉이지요. 이 산은 8,000미터급 봉우리 중에서 유일하게

가셔브룸 2봉(카라코람 발토로산군, 중국 신강 자치구와의 경계)

시샤팡마(중국 티베트 남서부, 시샤팡마 산군)

중국 국경 안에 위치합니다. 1964년, 허경(許競) 대장이 이끄는 중국 원
정대가 초등한 산이랍니다. 14좌 중에서는 가장 늦게 초등되었지요.

사진제공 : 김재수(코오롱스포츠 챌린저팀)

자료출처 : 등산(대한산악연맹 등산교재)

## 알프스 산군의 6대 북벽

　유럽의 알프스 산군은 스위스, 프랑스, 오스트리아, 독일, 이탈리아 등 5개 국가에 걸쳐 있습니다. 북벽의 특징은 해가 들지 않아 눈이 녹지 않고 바람도 강해 혹독한 냉기가 가득한 곳이지요. 이러한 극한의 상황에서 등반하며, 인간은 한계를 극복하기 시작했습니다. 그 대상지는 중부 알프스의 베르네 오버란트 산군에 속한 아이거(3,970미터), 발리스 산군에 속해 있는 마터호른(4,478미터), 서부 알프스의 몽블랑 산군에 속해 있는 드류(3,733미터), 그랑드조라스(4,208미터), 베르니나 브레가글리아 산군에 속한 피츠바딜레(3,308미터), 북부이탈리아의 돌로미테 산군에 속한 치마그란데(2,999미터)입니다.

## 6대벽 지역과 초등기록

| 산 이름 | 위치 | 초등자 |
| --- | --- | --- |
| 아이거 Eiger<br>(3,970m) | 스위스 | 프리츠 카스파레커, 하인리히 하러<br>(오스트리아 1938)<br>안데스헤크마이어, 루드빅뵈르그<br>(독일 1938) |
| 그랑드조라스 Grandes Jorasses<br>(4,208m) | 프랑스 | 르카르도캐신, 에스포지토,<br>티조니 (이탈리아 1938) |
| 치마그란데 Cima Grande<br>(3,003m) | 이탈리아 | 에밀리오 코미치, 디마이형제<br>(이탈리아 1933) |
| 마터호른 Matterhorn<br>(4,477m) | 스위스, 이탈리아<br>접경지역 | 슈미트형제(독일 1931) |
| 프티드류 Petit Dru<br>(3,730m) | 프랑스 | 알랭,피에르P/Allain/R.Leininger<br>(프랑스 1935) |
| 피츠바딜레 PizBadil<br>(3,308m) | 스위스, 이탈리아<br>접경지역 | 리카르도 캐신, 기노 에스포지토,<br>비토리오 라티 (이탈리아 1937) |

아이거 Eiger

그랑드조라스 Grandes Jorasses

치마그란데 Cima Grande

마터호른 Matterhorn

프티드류 Petit Dru

피츠바딜레 PizBadil

아이거(중부 알프스의 베르네 오버란트 산군, 사진제공: 한필석)

그랑드조라스(서부 알프스의 몽블랑 산군, 사진제공: 한필석)

## 아이거

인터라켄 동역은 베르너 오버란트 지방 동쪽의 툰 호수와 서쪽의 브리엔츠 호수 사이에 있습니다. 융프라우 등산이 시작되는 곳이지요. 등산을 하지 않더라도 산악열차를 타고 그린덴발트 역에 내리면 아이거의 장엄한 북벽을 바라볼 수 있습니다.

아이거의 북벽은 바위와 얼음과 눈이 응집된 험준한 벽입니다. 약 1,800미터 높이인데, 벽 중앙에는 거대한 세 개의 빙원(Ice-fields)과 위쪽으로 '중앙 기둥'(Central Pillar)이 우뚝 솟아 있습니다. 갑자기 몰아치는 폭풍이 오면 피할 곳이 없어 그대로 노출된다고 하는데요. 북벽에서 하강하는 기류가 푄현상을 만들면서 국지성 폭풍이 발생할 때도 있습니다.

1858년, 찰스 배링턴(아일랜드)과 가이드 2명이 아이거의 여러 코스를 등정했으나, 북벽은 도전하지 못하고 있었습니다. 당시로선 등반이 불가능하다고 생각했지요. 1938년, 드디어 안데르 헤크마이어와 루트비히 뵈르크, 프리츠 카스파레크, 하인리히 하러로 이루어진 팀이 아이거 북벽을 초등했습니다. 하인리히 하러는 아이거 등정기를 다룬 『하얀 거미』라는 책을 집필하여 베스트셀러 작가가 되었습니다.

## 그랑드조라스

그랑드조라스는 프랑스 오트사부아와 이탈리아 발레다오스타 국경에 걸쳐 있습니다. 알프스 산맥의 몽블랑 산군에 속해 있지요. 그랑드조라스는 워커 봉, 휨퍼 봉, 크로즈 봉, 엘레나 봉, 마르게리타 봉, 영 봉에 이르는 6개의 봉우리로 구성됩니다.

마터호른(서부 알프스의 발리스 산군)

프티드류(서부 알프스의 몽블랑 산군)

**마터호른**

이탈리아어로는 '몬테체르비노', 프랑스어로는 '몽세르뱅'이라 부릅니다. 스위스와 이탈리아 국경에 위치해 있지요. 마터호른의 북벽과 훼른니를 등반하기 위해서는 스위스의 마을 체르마트를 지나야 합니다. 이탈리아에서 등산을 시작하려면 츠무트 능선을 올라야 하고요.

목판화가인 에드워드 휨퍼는 마터호른의 장엄함에 반해 꼭 오르겠다고 했는데요. 7번의 실패를 딛고 8번의 도전 끝에 등산에 성공합니다. 그러고 나서 마터호른을 그림에 담았습니다. 그만큼 멋진 봉우리입니다.

**프티드류**

샤모니에서 산악열차를 타고 몽땅베르 역에 내리면 우뚝 솟아 오른 프티드류를 볼 수 있습니다. 알프스의 광대한 빙하 메르 드 글라스 하단부에 있답니다. 여기선 프티드류와 함께 쌍봉을 이루는 그랑드류도 볼 수 있어요.

1935년. 삐에르 알랭이 그랑드류와 프티드류 사이의 북벽을 처음으로 등정하였지요.

1955년, 이탈리아의 발터 보나티는 서벽과 남벽 사이의 900미터 벽을 혼자서 등정했습니다. 이제 그 벽을 '보나티 필라'라고 부릅니다.

**치마그란데**

돌로미테 산군은 알프스 산맥 중 동부 알프스에 속하는 이탈리아 북부

치마그란데(북부이탈리아의 돌로미테 산군)

피츠바딜레(중부알프스 베르니나 브레가글리아 산군)

산악지대를 일컫습니다. 돌로미테 서부에는 이탈리아 도시 볼차노가, 동부에는 코르티나라는 도시들이 있지요.

1918년, 오스트리아 영토가 이탈리아 땅이 되었습니다. 그래서 독일어와 이탈리아어를 동시에 쓰지요. 치마그란데(2,999미터)는 거대한 봉우리라는 뜻의 이탈리아어입니다.

치마그란데는 섹스턴 돌로미테 자연공원에 있지요. '트레 치메 디 라바레도'라고 불리는 봉우리들 중 가장 높은 봉우리입니다. 트레 치메 디 라바레도는 돌로미테를 대표하는 봉우리들로, 치마피콜라(2,856미터), 치마오베스트(2,972미터), 치마그란데 세 개로 연결되어 있습니다.

1869년, 프란츠 이너코플러와 피터 샐츠가 치마그란데를 남면으로 최초로 남벽을 등반했습니다. 1933년 에밀리오 코미치와 디마이 형제가 북벽을 처음 정복했지요.


## 피츠바딜레

'피츠바딜레'는 삽을 거꾸로 세워놓은 모양이라 하여 이탈리아어로 '삽'이란 뜻의 '바딜레'란 이름을 얻었습니다. 타치노 지방의 본다스카 계곡에 있는데요. 피츠바딜레를 등반하려면 스위스의 본도 마을을 지나야합니다. 이곳은 겨울이면 스키 관광객이 늘어나는 마을이지요. 이 외에도 근처에 휴양지가 많기로 유명합니다. 엥가딘 계곡은 이탈리아 국경지대 코모 호수 북동 방향으로 뻗은 계곡입니다. 인 강 상류에 위치하고 있는 휴양지예요.

폰트레시나와 생 모리츠는 알프스의 아름다운 풍광을 오롯이 담고 있는 관광 휴양지로 유명합니다. 일대에 높은 산들이 많아 대자연을 온몸으로 느낄 수 있고, 하루에도 사계절을 만끽할 수 있지요.

프랑스 산악인 가스통 레뷰파는 『별빛과 폭풍설』이라는 저서에서 본다스카 계곡이 세계에서 가장 매혹적인 계곡이라 극찬했습니다. 그 외에도 많은 등산가들이 본다스카 계곡에 반했지요. 본다스카 계곡 위 동쪽으로는 피츠바딜레 연봉, 피츠쎈갈로, 피츠제멜리, 에귀유씨오라가 스위스와 이탈리아의 국경을 이루고 있습니다.

피츠바달레 북동벽은 850미터로, 빈발하는 악천후와 악명 높은 낙석으로 인해 오랫동안 아이거 북벽, 그랑드조라스 북벽과 함께 알프스의 마지막 등반 과제로 남아 있었습니다. 1937년, 이탈리아 출신인 리카르도 캐신, 기노 에스포지토, 비토리오 라티, 클라이머 마리오 몰테니와 주세프 발세치가 북벽을 등반하는 데 성공합니다. 카신 루트의 정상까지 등반거리는 약 1,000미터 이상입니다. 이 벽은 초등자 캐신을 위시해서 가스통 레뷰파[*], 월터 보나티, 리오넬 테레이[**], 루이 라쉬날, 헤르만 불 같은 유명 클라이머들이 등반 기량을 발휘했던 곳이기도 합니다.

---

[*] 가스통 레뷰파(Gaston Rebuffat·1921-1985): 21세 때 전문 가이드가 된 프랑스의 유명한 등반가다. 알프스 6대 북벽은 물론 인류 최초로 8,000미터 봉에 오른 안나푸르나의 원정대의 일원으로 참가하여 '모리스에르조그'와 '루이나슈날'을 정상에 올려 보내는 데 결정적인 역할을 한 인물이다. 그리고 그의 생애를 통해 10여 권의 저술과 5편의 영화를 제작했으며 그로 인해 '산악문학대상'과 트렌토 '산악영화제'의 그랑프리를 수상한다. 전 세계 산악인들에게 사랑받고 있는 작품인 『별빛과 폭풍설』이 1954년도 산악문학대상을 받게 된 작품이다.

[**] 리오넬 테레이(1921-1965): 『무상(無償)의 정복자』라는 저서로 널리 알려진 프랑스의 산악인. 인류 최초로 8,000미터급 산의 정상에 오른 것이 1950년의 프랑스 안나푸르나원정대였는데, 리오넬 테레이는 가스통 레뷰파, 루이 라슈날과 더불어 이 원정대를 이끈 3대 프랑스 가이드였다.

# #6장
# 등산산업
# 전문인력 되기

현대인들은 빌딩숲 사이에서 자연을 보지 못하고 자랍니다. 그래서 더욱 산을 찾는 것인지도 몰라요. 중국의 경우가 대표적입니다. 중국에서는 산업이 발달하기 시작하면서 산을 찾는 인구가 늘었습니다. 개방 물결로 인해 도시가 늘어나자 도시에서 태어나 자란 이들이 자연을 찾게 된 것입니다. 빌딩숲에서 자란 사람들은 자연스레 푸른 환경을 보고 싶다는 열망을 지니게 마련이잖아요? 자연에서 살아가는 사람들은 반대로 자연을 그리 열망하지 않습니다. 그들에게는 당연한 환경이니까요. 사람들은 자연에서 여가의 즐거움과 건강, 그리고 바쁜 도시생활에서 자칫 잃어버릴 수 있는 자아를 발견하곤 합니다.

# 한국에서의 등산산업

**등산산업의 시장 매출 규모 세계 1위**

세계 등산의 역사가 약 230년, 대한민국의 등산 역사는 약 80여 년입니다. 바야흐로 1,800만의 등산인구 시대를 맞이했지요. 뿐만 아니라 대한민국의 스포츠클라이밍 선수들은 세계 대회에서 상위권에 입상할 만큼 국제 위상을 높이는 데 기여하고 있습니다. 등산 관련 매출시장은 약 7조 원 규모의 시장을 형성하고 있는데요. 2003년 6,000억 원에 달하던 매출이 매년 급성장하여 2015년에는 약 7조 원에 이를 만큼 큰 시장으로 성장했지요.

미국에 이어 한국의 관련 분야 매출은 세계 2위입니다. 미국 인구가 약 3억 2천만 명이고, 우리나라가 4천 9백만 명이라는 걸 생각해보면 우리나라가 매출시장의 규모로는 세계 1위입니다. 그만큼 등산 관련 업종은 미래가 밝습니다.

**아웃도어는 무엇을 뜻할까?**

아웃도어란 도심을 벗어나 자연(산, 바다, 강, 하늘)에서 이루어지는 활동 모두를 일컫습니다. 레저 혹은 레포츠활동이라고도 하지요.

**아웃도어 구분**

| 지상 | 수상 | 항공 |
| --- | --- | --- |
| 등산<br>캠핑<br>스키<br>스노우보드<br>산악자전거<br>산악승마<br>골프 등 | 요트<br>스쿠버<br>다이빙<br>서핑<br>윈드서핑<br>레프팅<br>수상스키 등 | 경비행기<br>패러글라이딩<br>스카이다이빙<br>행글라이딩<br>열기구 등 |

레저란 여가를 뜻합니다. 여가시간은 사회적 구속시간과 생리적 구속시간을 제외한 자유재량 시간을 말하는데요. 사회적 구속시간은 인간이 살아가면서 사회적 존재가 되기 위해 최소한으로 필요한 시간, 즉 노동시간을 말합니다. 생리적 구속시간은 인간에게 생리적으로 필요한 최소한의 시간으로 수면과 음식 섭취 등에 소요되는 시간입니다. 자유재량 시간은 각자가 자신의 삶의 질을 향상하기 위해 선택한 일을 하는 데 사용하는 시간이고요.

레포츠는 레저와 스포츠가 결합된 말입니다. 스포츠는 일정한 규칙을 정해서 순위를 겨룹니다. 하지만 레포츠는 경쟁에서 벗어나 자유롭게 자신의 건강을 증진하고 즐기는 활동을 뜻해요. 레포츠가 경기로 발전하면 스포츠가 됩니다. 처음엔 그저 암벽을 올랐던 행위였지만 사람들이 순위를 겨루기 시작하면서 스포츠클라이밍으로 변한 것처럼요.

**아웃도어 산업이란?**

산업에는 여러 가지 업종이 있습니다. 아웃도어 산업이라 하면, 아웃도어에 속해 있는 지상, 해상, 항공에서 활동하는 데 필요한 제품 생산 활동 모두를 아우르는 개념이지요.

아웃도어와 관련된 각 분야는 개별적 명칭을 사용합니다. 요트산업, 골프산업, 승마산업 등으로 표현하고 있지요.

이러한 각 개별 산업들을 전부 '아웃도어 산업'이라 합니다. 그런데 유독 등산관련 브랜드만 아웃도어라는 명칭이 사용되는 실정이지요. 등산산업이라고는 얘기하지 않습니다. '아웃도어'가 아닌 '등산산업'이라고 불러야 하는 것이 정체성을 확립하는 기초 단계입니다.

**등산산업을 구성하고 있는 분야**

등산산업은 등산시설업, 등산용품업, 등산교육서비스업으로 구분합니다.

**등산산업 구성과 내용**

| | 등산시설업 | 등산용품업 | 등산서비스업 |
|---|---|---|---|
| 등산산업 | 등산시설 건설업<br>－실내 스포츠클라이밍<br>－야외 인공암벽<br>－인공빙벽 | 등산용품 제조업<br>－등산의류<br>－등산신발<br>－등산용구 | 등산 경기업<br>－스포츠클라이밍대회<br>－등산대회<br>－오리엔테이링 |
| | | | 등산 마케팅, 정보업<br>－마케팅 대행<br>－에이전트<br>－매니지먼트<br>－등산잡지, 서적, 방송, 출판업 |
| | 등산시설 운영업<br>－스포츠클라이밍<br>－인공암벽<br>－인공빙벽 | 등산용품 유통업<br>－등산용품 수입업<br>－등산용품 도소매업<br>－인터넷 몰 | 등산 교육서비스업<br>－강의, 강연, 강습, 위탁교육<br>－등산 전문 인력 양성 및 프로그램 개발 |

**등산시설업의 구분**

등산시설업은 등산 관련시설 건설, 등산시설 운영 및 관리로 나누어집니다. 현재로서는 대표적으로 스포츠클라이밍센터 시설 건설과 스포츠클라이밍센터 운영을 말할 수 있습니다. 국내 스포츠클라이밍센터 시설을 시공하는 회사는 대표적으로 두 곳, '클라임코리아'와 '디스커버리'가 있어요. 스포츠클라이밍 센터는 전국에 300여 곳에서 운영 중입니다. 스포츠클라이밍 센터에서 필요한 인력은 최소 2명입니다. 규모가 큰 곳은 프로그램을 운영하고 교육하는 강사들이 많이 근무하지요.

스포츠클라이밍센터에 종사하는 전문 인력은 현재 최소 600여 명 이상입니다. 스포츠클라이밍은 2020년 도쿄올림픽 정식 종목으로 채택되어 인기가 더욱 높아질 전망인데요. 지역사회 주민의 체력 증진과 건강을 위한 생활체육으로도 곧 자리 잡게 될 것입니다. 그런 만큼 앞으로는 더욱더 비전 있는 직업으로 떠오르겠지요?


**등산용품업**

등산용품업은 제조업과 유통업으로 구분합니다. 제조업에 관련된 직종은 등산용품 회사의 용품기획 담당과 용품개발 담당이 있지요. 유통업에 종사하는 사람들은 등산용품 매장 운영이나 매장 근무를 합니다. 국내 등산브랜드 매출 상위 10위권 업체만 살펴보더라도 매장이 전국에 약 3~4천 개가 운영된다는 것을 알 수 있지요. 그만큼 등산용품과 등산은 인기가 많습니다!

**등산서비스업**

스포츠클라이밍센터는 시설업에 속하지만, 센터 안에서 이루어지는 교육과 지도는 등산교육 서비스업에 속합니다. 등산교육 서비스업에 종사하려면 취득 자격이 따로 있어야 해요. 스포츠클라이밍센터에서 교육 지도자들은 문체부에서 발급하는 전문스포츠지도사 자격과 생활스포츠지도사 자격을 가지고 있습니다. 등산학교의 강사들은 대부분 대한산악연맹에서 발급하는 등산강사 자격을 취득했고요. 산림청에서 임명한 숲길체험 지도사들은 국가에서 운영하는 휴양림에서 종사합니다. 이 밖에 개인적으로 강연, 위탁교육, 특강 등으로 등산교육을 실시하는 사람들도 많습니다.

| 구분 | 시행청 | 내용 |
|---|---|---|
| 전문스포츠지도사 | 문화체육관광부 | 1급(산악) 13명, 2급(산악) 335명 |
| 생활스포츠지도사 | 문화체육관광부 | 1급(등산) 82명, 2급(등산) 387명 |
| 등산 강사 | 대한산악연맹 | 강사 191명, 전임강사 18명, 등산교수 12명, 특임교수 6명 |
| 숲길체험지도사 | 산림청 | 숲길체험지도사 927명 |
| 총 인원  1,971명 | | |

# 한국 등산산업 발전을 위하여

**매니지먼트, 에이전트, 마케팅대행 분야를 공략하라**

국내에 스포츠클라이밍 선수와 아이스클라이밍 선수는 약 1,200명입니다. 암벽과 빙벽등반을 즐기는 인구는 15만 명으로 추산되고요. 전체 등산인구는 약 1,800만 명입니다. 국내 스포츠클라이밍 선수와 아이스클라이밍 선수들의 기량은 세계적 수준입니다. 월드컵대회에 출전하면 전 종목 순위권에 오르지요. 여자 난이도 부문 1위를, 볼더링 남자 부문 1위를 한국인이 차지하고 있으니까요. 2017년 청소년 아이스월드컵 대회에서는 남녀 부문 모두 국내 선수가 1위에 올랐습니다. 아쉬운 점은 이렇게 뛰어난 선수들에게 연봉계약을 대행해줄 에이전트나 매니지먼트가 없다는 사실입니다. 국내에서도 수많은 클라이밍 대회가 열립니다. 선수권 대회를 비롯해 동호인 대회도 활발하게 진행되고요. 그러나 역시 이 분야에도 마케팅 대행사가 없습니다. 등산산업에서 이 분야는 아직 블루오션입니다. 앞으로 여러분이 이 분야에 관심을 가지고 개척해나갔으면 좋겠습니다.

| 구분 | 내용 |
| --- | --- |
| 대한산악연맹 등록 선수 | 약 1,200명 |
| 국내 암벽등반 인구<br>(시도지부 연맹 가입 기준) | 약 15만 명 |
| 전국 등산인구<br>(한국트레킹지원센터, 2016) | 약 1,800만 명 |

## 등산산업 발전을 위해 필요한 인재로 성장하라

등산제품 매출이 세계 2위인데, 한국에서 생산하는 제품들은 국제적으로 인정을 받지 못하는 실정입니다. 품질과 기술은 세계적이지만, 제품에 영혼이 느껴지지 않아요. 등산제품을 기획하는 담당자들이 등산을 하지 않기 때문인데요. 그렇기에 오로지 판매를 위한 제품만 만들게 되는 거예요. 제품 고유의 특성이 없고, 브랜드 인지도도 취약한 이유는 바로 이 점 때문입니다. 이 같은 상황에서 탈피하지 못하면 국내 등산 브랜드가 세계로 뻗어가는 글로벌 브랜드가 될 수 없겠지요? 해외 글로벌 브랜드의 제품을 카피하는 데만 주목하지 말고 우리 특유의 정서와 기술력을 가미한 제품을 만들어야 합니다. 모든 제품이 그렇듯 등산제품도 브랜드의 역사, 가치, 철학, 이념을 확고하게 정립해야 합니다. 대자연 속에서 태어나야 해요.

이본 취나드라는 사람을 살펴볼까요? 그는 유명 아웃도어 브랜드인 블랙다이아몬드와 파타고니아를 설립했습니다. 실제 등반가이기도 한데요. 1963년에서 65년까지 주한미군으로 근무할 당시 북한산 인수봉에 취나드A와 취나드B라는 암벽등반 코스를 개척한 주인공이기도 합니다. 블랙다이아몬드는 암벽등반에 필요한 장비를 제조하고, 파타고니아는 등산의류를 생산하지요.

1957년, 취나드는 조그만 대장간을 인수하여 등반에 필요한 장비를 직접 만들기 시작합니다. 블랙다이아몬드의 시작이었죠. 조그만 대장간이었지만, 등반가들이 원하는 장비들을 만들어내 성장을 이룰 수 있었습니다. 이후, 등산의류 회사인 파타고니아를 설립하여 등반에 필요한 의류를 제작합니다. 이본 취나드는 경험이 최고의 무기라고 말합니다. 등반가이자 모험가로 전 세계를 돌아다니며, 직접 즐겨본 사람만이 최고의 제품을 만들 수 있다는 철학을 가지고 있어요. 그는 수많은 사람들이 산에서 혹독한 추위를 견디지 못하고 사망하는 것을 보며 등산복은 그저 옷이 아닌, 사고를 대비한 장비라고 생각했어요. 그의 노력 덕택에 수많은 등반가들이 자신의 생명을 구할 수 있었지요.

등산장비는 판매를 위한 제품을 넘어 환경과 인간을 살릴 수 있어야 합니다. 파타고니아 제품은 친환경적 물질을 사용합니다. 이러한 기업정신을 바탕으로 파타고니아는 세계에서 가장 성공한 사회적 기업으로 부상했습니다. 심지어 1985년부터 매출의 1%(이윤의 10%) 중 큰 금액을 환경운동에 기부해요. 글로벌 브랜드가 갖는 기업정신이란 바로 이런 것 아닐까요? 이본 취나드는 팔려는 목적으로 장비와 의류를 제작한 것이 아닙니다. 등반에 필요한, 등반가들이 실제로 필요로 하는 장비와 의류를 제작한 것입니다.

**등산산업 인재를 길러낼 수 있는 기관을 세우자**

세계적인 등산제품 글로벌 브랜드를 상대로 경쟁을 해나가려면 등산산업 전문 인력을 양성하는 기관이 필요합니다. 현재 국내 등산제품 브랜드에서 등산용품을 기획하거나 등산의류를 디자인하는 담당자들은 대개 등산을 해보지 않은 사람들입니다. 따라서 실제 소비자가 원하는 등산제품을 제작하기가 쉽지 않아요. 등산복은 패션 의류가 아닌 기능성이 우선되어야 하기 때문입니다. 하지만 학교에서는 패션을 가르칠 뿐 등산에서 가장 중요한 점이 무엇인지를 가르쳐주지 않습니다. 용품도 마찬가지예요. 배낭을 하나 만들더라도 자신이 만든 배낭을 직접 착용하고 산행을 해보아야만 무엇이 문제인지 알 수 있습니다. 대학에 등산산업학과가 따로 개설되면 이런 문제를 어느 정도 해결할 수 있으리라 생각합니다. 그러나 먼 훗날의 일이겠지요? 그렇다면, 등산제품 브랜드 운영자들이 한국등산산업협회를 결성하여 등산산업 전문 인력을 양성하는 것은 어떨까요? 한국등산산업 인력양성 연수원을 따로 운영하는 방식으로요. 자신의 회사에 근무하는 신입사원과 경력사원들이 연수원을 통해 직무 교육을 받게 하는 것입니다. 한국의 등산제품 브랜드가 글로벌 브랜드로 성장하려면 꼭 필요한 일입니다.

## 예비 산악인을 위한 추천도서

- 김성기 저, 『똑똑한 등산』, 하서출판사, 2013.
  등산의 기초 지식과 상식을 알아보기 위해서 필요한 책이다.

- 대한산악연맹 저, 『등산』, 대한산악연맹, 2003.
  등산에 대한 모든 기술과 상식 기술이 필요한 책으로, 등산을 사랑한다면 이 책을 구해보는 게 좋다.

- 정갑수 저, 『암벽등반과 스포츠클라이밍』, 열린세상, 2014.
  암벽등반과 스포츠클라이밍에 대해서 기술한 책이다. 암벽등반과 관련해 자세히 알아보고 싶은 사람이 읽으면 좋다.

- 이용대, 『등산상식사전』, 해냄, 2010.
  등산에 관련된 모든 용어들을 총 정리한 책이다.

- 이용대, 『등산, 도전의 역사』, 해냄, 2017.
  등산의 역사를 알 수 있는 책으로, 산에 도전한 위대한 인간들의 이야기를 담고 있다(문광부 산하 한국출판산업진흥원 6월 심의 인문학분야 청소년권장도서, 2017년).

- 박미숙, 『아이의 숲길』, 이밥차(그리고책), 2012.
  서울, 경기 지역 30개의 산을 선정하여 자녀들과 함께 산행하기 좋은 코스를 소개한 책이다. 산행을 처음 시작하는 사람들에게 많은 도움이 될 것이다.

# 001 열네 살 농부 되어 보기

이완주 · 정대이 · 박원만 지음 | 김선호 그림 | 372쪽

흙과 함께 자라며 생명을 가꾸는
21세기 유망 직업 농업인의 이모저모 살피기

농업 현장은 우리의 삶을 좌우하는 가장 기본적이며 중요한 일터다. 과학이 눈부시게 발전해도 사람은 먹고사는 문제를 도외시할 수 없다. 건강하고 영양분이 풍부한 먹을거리의 생산이 여전히 인류의 화두인 이유다. 이 책은 청소년들이 텃밭 농사 체험을 통해 작물의 재배와 생산 과정 및 생장의 기반이 되는 흙의 성질을 이해하게 해주고, 자연과 함께함으로써 생태계의 원리를 깨우치며, 더 나아가 자연의 공동체성을 인식하는 새로운 시선과 열린 전망을 제공한다. 청소년 농부들을 위해 흙 전문가인 이완주 박사와 친환경농업 전문가인 정대이 선생, 베스트셀러 『텃밭백과』의 저자인 박원만 교수가 힘을 모았다. 본문과 표지 그림은 청소년 농부로 활동한 김선호 학생의 작품이다.

# 002 별을 꿈꾸다

손일락 지음 | 276쪽

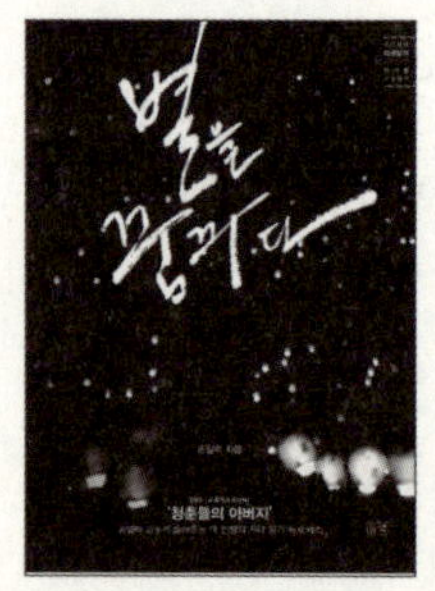

청춘의 아버지 손일락 교수가 스타 탄생 과정을 통해 인생의 성공 법칙을 조명하다!

28세에 교수가 된 이래 지금껏 교육 현장에서 학생들과 부대끼며 '꿈'이란 무엇인지, 어떻게 꿈을 꾸고 이룰 수 있는지 늘 고민해온 저자의 성찰을 집약한 책이다. 저자는 '전쟁터'라 불리는 연예계에 막내아들을 아이돌 가수로 데뷔시킨 장본인이다. 이 책은 그 과정을 통해 청소년들이 자신만의 꿈과 목표를 세우고 그것을 이루기 위해 어떻게 노력해야 하는지 단계별로 안내한다. 성공을 꿈꾸는 사람이라면 반드시 냉철한 이성으로 자신의 내면을 들여다보고, 자신의 능력과 적성을 진지하게 평가해야 한다고 조언하면서! 인생의 찬란한 순간을 위해 오늘도 학교에서 일터에서 비지땀을 흘릴 수많은 청소년과 청년들, "요즘 애들은 꿈이 없어서 탈이야"라고 한탄하는 기성세대 모두에게 이 책을 권한다.

## 003 세상을 바라보는 나만의 눈, 다큐멘터리

김희철 지음 | 316쪽

**카메라로 발견한 세상의 진실을**
**나만의 방식으로 기록하는 다큐멘터리 감독**

우리 인간의 확장된 눈 역할을 하는 카메라와 그것을 이용해서 만들어지는 다큐멘터리가 지니는 시각적·역사적·철학적 특징을 살펴보면서 다큐멘터리 감독의 세계를 탐색한다. 다큐멘터리 감독은 현실을 깊이 관찰하여 자신만의 목소리로 가공하고 작품화하는 사람이다. 저자는 심각한 주제의식이나 시시콜콜한 이야기도 다큐멘터리의 소재가 될 수 있지만, 가장 중요한 것은 감독이 그 이야기를 통해 관객에게 어떤 메시지를 전달할 것인가 하는 점이라고 말한다. 그 밖에 다큐멘터리를 감상하거나 제작할 때 함께 생각할 문제들, 다큐멘터리나 극영화의 서사구조를 만들 때 활용되는 내레이션의 중요성, 국내외 다양한 다큐멘터리 영화의 작가와 감독들의 이야기도 함께 읽을 수 있다.


## 004 웹소설 작가 되기; 마음을 낚는 이야기꾼

양효진 · 정연주 지음 | 244쪽

**나도 조횟수 기록을 갱신하는**
**인기 웹소설 작가가 될 수 있다!**

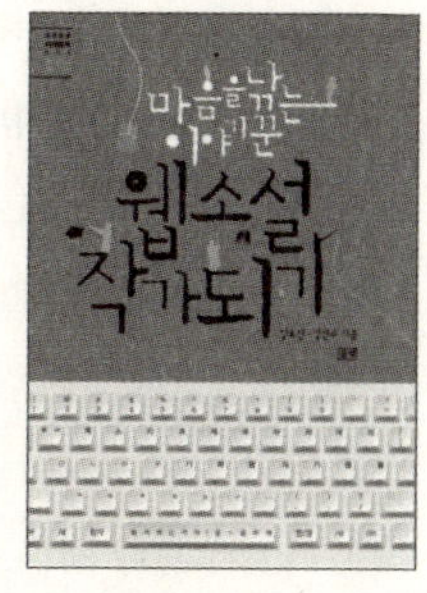

'작가 되기'는 더 이상 먼 이야기가 아니다. 누구나 마음만 먹으면 책 한 권쯤 쓸 수 있는 시대가 되었다. 작가라는 직업의 위상도 예전보다 훨씬 높아졌다. 소재 발굴에 목이 마른 영화·드라마·뮤지컬 등 각종 대중매체 기획자들이 가장 눈여겨보는 곳이 바로 이야기 시장인 까닭이다. 이제는 내로라하는 작가가 아니더라도 얼마든지 다양한 매체로 대중에게 다갈 수 있게 되었다. 이런 배경 아래 인터넷에 자기 글을 올리는 사람들도 대폭 늘어나는 추세다. 문제는 이들에게 글쓰기, 연재하기, 작가로 활동하기에 대한 기본적인 이해와 프로세스에 대한 지식이 부족하다는 점. 어떻게 하면 자신에게 맞는 글감을 찾아내고, 독자의 흥미를 끌어낼 수 있는 작품을 쓰며, 참신한 이야기로 인기를 얻을 수 있을까?

## 005 패션 디자이너 되기; 스타일에 날개를 달아주는

문미영 지음 | 248쪽

**전 국민을 패션 피플로 만들어줄
예비 디자이너를 위한 가이드북**

패션 디자이너라는 직업은 많은 사람이 생각하는 것처럼 '멋 있기만 한 직업'이 아니다. 전문적인 공부도 해야 하고, 훈련도 열심히 받아야 하고, 발품도 많이 팔아야 하고, 무엇보다 끊임 없이 노력해야 한다. 내가 디자인한 옷을 소비자에게 건네려 면 세상과 사람의 마음은 물론, 나아가 자연 현상까지 철저하 게 탐색하고 연구해야 하니까. 이 책은 옷을 좋아하고 패션에 관심이 많은 사람들, 특히 "사 람들이 내 손으로 디자인한 옷을 입고 거리를 활보했으면 좋겠다"라고 생각하거나 "최고의 모델에게 내 옷을 입히고 싶다"라는 꿈을 가진 이들을 위한 것이다. 물론 "나는 옷이 제일 좋아. 옷 만드는 것 외에 다른 일은 별로야"라고 말하는 타고난 패션 디자이너를 위한 책이 기도 하다.

## 006 성우 되기; 목소리로 연기하는 배우

황보현 지음 | 208쪽

**우주를 삼킨 별별 목소리,
성우들의 리얼 월드를 탐색한다!**

직업 만족도 2위!(한국고용정보원 직업 만족도 조사) 명예나 돈 보다는 정말로 하고 싶어서 도전하는 직업! 성우는 우리말을 정확하게 표현하는 전문가이자 시각 장애인들을 비롯한 방송 소외계층에 도움을 주는 사회적인 역할과 책임을 지는 자랑스 러운 직업이다. 이 책은 성우를 꿈꾸는 독자들에게 성우의 세 계를 소개하는 책이자 직접 발을 들여놓기 전에 최소한의 판단 기준이 될 정보를 제공하는 실용적인 성우 지침서다. 저자는 우리나라에서 성우 인터뷰를 가장 많이 한 베테랑 기자로 서 성우계의 과거와 현재 그리고 미래에 나아가야 할 방향을 객관적이고 담백한 시선으로 정리했다.

이덕우 지음 | 243쪽

**디지털 시대의 스마트 저널리스트**
**라디오 피디의 세계**

1970년, 영국 밴드 버글스는 텔레비전의 등장과 함께 시작될 라디오의 종말을 "video killed the radio star"라고 노래했다. 라디오는 올드미디어로 밀려난 듯했다. 하지만 라디오는 끊임없이 자신만의 오디오 DNA를 발전시키며 여전히 다양한 미디어 안에서 공존하고 있다. 오히려 비주얼 홍수 시대인 요즘에는 눈을 편하게 해주는 eye free가 각광받으면서 라디오의 미래에 다시금 서광이 비치고 있다. 안테나를 잡고 정교한 손놀림으로 주파수를 맞추는 모습은 낯설지만 라디오는 이제 보이는 라디오, 인터넷 라디오 앱, 팟캐스트 등으로 무한 변신하며 다양한 모습으로 우리의 일상을 잠식하는 중이다. 라디오 피디로서의 경험은 물론 미디어 산업의 전망까지 친절하게 짚어주는 안내서.



이나경 지음 | 340쪽

**화장으로 아름다움을 연출하는**
**전문 뷰티션의 생생한 꿀팁과 실전 가이드**

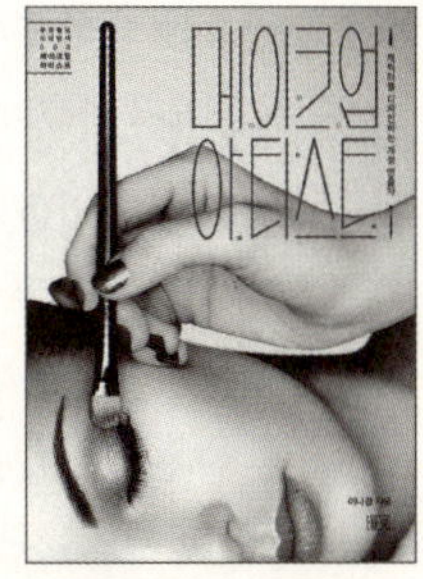

패션, 잡지, 뷰티, 화장품, 방송, 연예… 이들 산업이 커가면서 함께 주목받는 직업이 있다. 바로 '메이크업아티스트'다. 과거에는 메이크업아티스트라고 하면 신부 화장이나 연예인 메이크업을 해주는 '화장 잘하는 사람'이라는 인식이 지배적이었지만 최근엔 엔터테인먼트와 뷰티 분야를 아우르는 전문 직업군으로 떠오르고 있다. 메이크업아티스트로 시작해 현재 화장품 칼럼니스트이자 스킨케어 전문가로 활동하는 저자는 초보 시절의 시행착오를 후배들에게 대물림하고 싶지 않아 이 책을 쓰게 되었다고 말한다. 불명확한 정보로 지망생들이 갖게 될 비현실적 환상을 거두고, 실제 현장에서 어떤 일이 일어나는지, 메이크업아티스트가 되는 길과 업계에서 살아남아 전문가로 성장하려면 어떤 자질을 갖춰야 하는지 조언하는 책.

## 009 가든 디자이너; 삶의 풍경을 설계하다

강혜주 지음 | 264쪽

**사람의 마음이 담긴 정원을 설계하고
자연의 멋을 구현하는 가든 디자이너**

미래에 각광받을 직업은 '정보화·고령화·환경'이라는 키워드와 연결된다. 따라서 다음 세대는 자연을 인공적으로라도 누리고 보존하는 길을 모색할 것이다.『가든 디자이너』는 이 같은 시점에서 꼭 권하고 싶은 책이다. 저자는 오늘도 현장에서 강렬한 햇살과 싸우며 의뢰인의 로망을 구현하는 도면 설계는 물론 정원의 식재(植栽) 같은 디테일 하나도 놓치지 않는 가든 디자이너다. 그는 "가든 디자인은 기계가 대체할 수 없는 사람의 감성 영역이며, 가든 디자이너는 100년 뒤에도 없어지지 않을 직업"이라고 단언한다. 이 책은 우리나라의 정원은 물론 세계의 정원이 어떻게 발전해 왔는지, 현재의 모습은 어떠한지, 현장에서는 어떻게 작업이 이루어지는지 등을 아우르는 인문학적 향기가 강한 멋진 실용서다.


## 010 나는 신문기자입니다; 사실을 캐고 진실을 쓰는

임지선 지음 | 208쪽

**세상을 바꾸는 단 한 줄의 힘을 믿는
기자들의 세계를 파헤치다!**

기자들은 늘 수많은 사건사고의 보도 현장 한가운데 서 있다. 그 뿐인가? 기자는 드라마, 영화, 소설 등 미디어에 특히 많이 등장한다. 인기 직종인 탓이다. 이 책은 중학생 시절부터 기자가 되기를 꿈꾸었고, 학생기자를 거쳐 마침내 '진짜 기자'가 되어 '한 문장의 힘'을 발휘하기까지 오직 한 길만을 보고 달려온 13년차 기자가 청소년들을 위해 쓴 것으로, 직업으로서의 기자 세계를 탐색할 수 있는 친절한 안내서다. 기자의 자질, 기자가 되는 데 필요한 조건, 기자가 되어서 실제로 하는 일에 대한 소개는 물론 신문사 부서별 업무와 종이신문의 미래 전망까지 두루 훑어주므로 장차 신문기자를 꿈꾸는 이들에게 큰 도움이 될 것이다. 언론계의 상황과 시스템을 이해하고 저널리즘의 기본과 미래를 짚어보는 데에도 유익하다.

# 011 항공승무원; 지구촌 하늘 여행의 멋진 동반자

정진화 · 이자영 지음 | 184쪽

**투철한 책임감과 서비스 정신으로 빛나는
항공 승무원 현장 보고서!**

항공 승무원은 어떤 일을 하는지, 어떻게 하면 항공 승무원이 될 수 있는지, 항공 승무원이 되려면 무엇을 어떻게 준비해야 하는지 A부터 Z까지 솔직하게 들려주는 가이드. 이 책에는 저자들이 이 일을 수행하면서 겪은 여러 가지 시행착오, 잊지 못할 에피소드, 교육 과정에서 벌어진 일, 보람과 기쁨, 잊고 싶을 만큼 힘겨운 순간들에 이르기까지 매우 진솔한 이야기들이 담겨 있다. 또한 승무원들이 사용하는 전문 용어, 공항 안내판과 보딩 패스에 쓰인 이니셜의 의미, 탑승객들의 상태를 식별하는 법, 취업에 필요한 이력서와 자격 요건 갖추기 등 꼭 알아야 할 개념과 정보들이 충실하게 설명되므로 승무원이 되고 싶은 독자들, 현재 승무원 시험을 준비 중인 지망자들에게 정확한 나침반이 되어줄 것이다.

# 012 나의 직업 방송 작가; 글 대신 말을 쓴다

임선경 지음 | 272쪽

**방송 작가는 들리는 글을 쓰는 사람이다!**

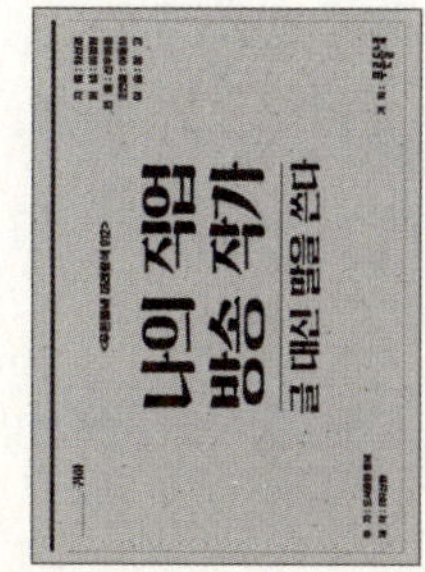

막내 작가부터 시작하여 메인 작가로 출사표를 던지기까지 전 과정과 실무를 다룬 친절하고 자세한 방송 작가 입문서! 소설가와 방송 작가는 어떻게 다른지, 입봉은 어떻게 하는지, 방송 대본은 어떻게 쓰는지, 방속 작가들의 수입은 어떤지 등등 실용적이고 구체적인 정보와 더불어 드라마, 다큐, 예능 및 라디오 프로그램 등 분야별로 이루어지는 작가들의 활동을 소개한다. 작가 지망생으로서 갖춰야 할 자질은 무엇인지, 능력을 배양하려면 어떻게 준비해야 하는지 등을 모두 아우르는 예비 작가에게 꼭 필요한 지침서로 작가들의 생활을 소설처럼 엮은 글과 알아두면 유용한 방송 용어까지 망라한 흥미롭고 스마트한 가이드다.